Projeto prosa

HISTÓRIA

Alexandre Alves
Doutor em História pela Universidade de São Paulo (USP)
Autor-colaborador de coleções didáticas do Ensino Fundamental I e II e do Ensino Médio

Letícia Fagundes de Oliveira
Mestre em História Social pela Universidade de São Paulo (USP)
Autora-colaboradora de coleções didáticas do Ensino Fundamental I e II e do Ensino Médio
Coordenadora de projetos da Fundação Arquivo e Memória de Santos

Regina Nogueira Borella
Formada em Psicologia pela Pontifícia Universidade Católica de São Paulo (PUC-SP)
Coordenadora educacional e pedagógica de Educação Infantil e Ensino Fundamental I

ENSINO FUNDAMENTAL **4º ANO**

ISBN 978-85-02-07446-0
ISBN 978-85-02-07447-7 (Livro do Professor)

Projeto Prosa História (Ensino Fundamental) – 4º ano
© Alexandre Alves, Letícia Fagundes de Oliveira, Regina Nogueira Borella, 2008
Direitos desta edição:
SARAIVA S. A. – Livreiros Editores, São Paulo, 2008
Todos os direitos reservados

Gerente editorial	Marcelo Arantes
Editor	Silvana Rossi Júlio
Editor-assistente	Mirian Martins Pereira
Coordenador de revisão	Camila Christi Gazzani
Revisores	Lucia Scoss Nicolai (enc.), Mônica D'Almeida, Rafael Varela
Assistente de produção editorial	Rachel Lopes Corradini
Pesquisa iconográfica	Iron Mantovanello
Gerente de arte	Nair de Medeiros Barbosa
Coordenador de arte	Vagner Castro dos Santos
Assistente de produção	Grace Alves
Projeto gráfico e capa	Homem de Melo & Troia Design
Foto de capa	Rita Barreto Arco-e-flecha, artesanato da etnia Kuikuro, Alto Xingu, Mato Grosso, Brasil.
Ilustrações	Bruna Brito, Fernando Monteiro, Ricardo Costa, Vagner Castro dos Santos
Diagramação	Walter Reinoso, Setup Bureau
Impressão e Acabamento	EGB - Editora Gráfica Bernardi - Ltda.

Dados Internacionais de Catalogação na Publicação (CIP)
(Câmara Brasileira do Livro, SP, Brasil)

Alves, Alexandre
   Projeto Prosa : história: ensino fundamental, 4º ano / Alexandre Alves, Letícia Fagundes de Oliveira, Regina Nogueira Borella. -- 1. ed. -- São Paulo: Saraiva, 2008.

   Suplementado pelo manual do professor.
   ISBN 978-85-02-07446-0 (aluno)
   ISBN 978-85-02-07447-7 (professor)

   1. História (Ensino fundamental) I. Oliveira, Letícia Fagundes de. II. Borella, Regina Nogueira. III. Título.

08-07966   CDD-372.89

Índices para catálogo sistemático:
1. História : Ensino fundamental   372.89

Impresso no Brasil
4   5   6   7   8   9   10

Esta obra está em conformidade com as novas regras do Acordo Ortográfico da Língua Portuguesa, assinado em Lisboa, em 16 de dezembro de 1990, e aprovado pelo Decreto Legislativo nº 54, de 18 de abril de 1995, publicado no *Diário Oficial da União* em 20/04/1995 (Seção I, p. 5585).

O material de publicidade e propaganda reproduzido nesta obra está sendo utilizado apenas para fins didáticos, não representando qualquer tipo de recomendação de produtos ou empresas por parte do(s) autor(es) e da editora.

2010

R. Henrique Schaumann, 270 – CEP 05413-010 – Pinheiros – São Paulo-SP
Tel.: PABX (0**11) 3613-3000 – Fax: (0**11) 3611-3308
Televendas: (0**11) 3616-3666 – Fax Vendas: (0**11) 3611-3268
Atendimento ao professor: (0**11) 3613-3030 Grande São Paulo – 0800-0117875 Demais localidades
Endereço Internet: www.editorasaraiva.com.br – E-mail: atendprof.didatico@editorasaraiva.com.br

Conheça a organização do seu livro

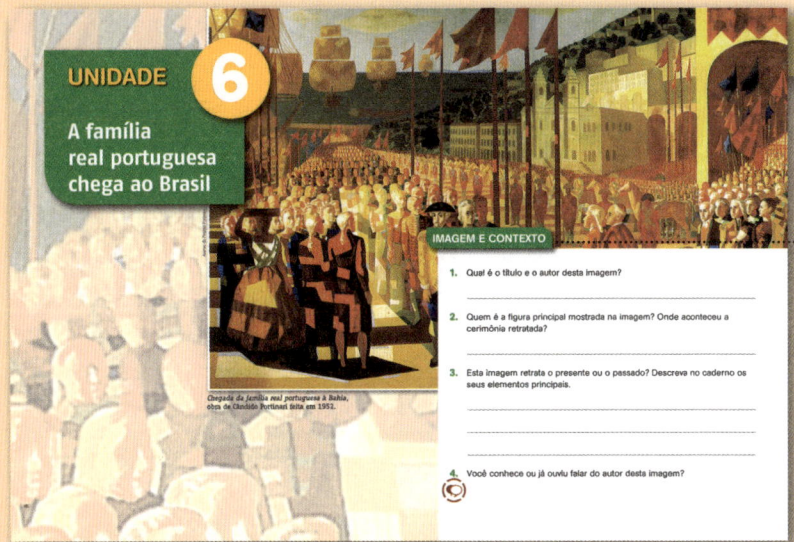

Unidades

Seu livro tem oito unidades. As aberturas das unidades trazem imagens que introduzem o trabalho a ser desenvolvido.

Na seção **IMAGEM E CONTEXTO** você vai ser convidado a observar os elementos da imagem e relacioná-los com seus conhecimentos sobre o tema ou com o seu dia-a-dia.

Capítulos

Cada unidade é dividida em dois capítulos, que exploram e desenvolvem os conteúdos e conceitos estudados.
Cada capítulo é composto de seções. Em cada seção você desenvolve atividades variadas, escritas e orais, ou em dupla com um colega ou em grupo.

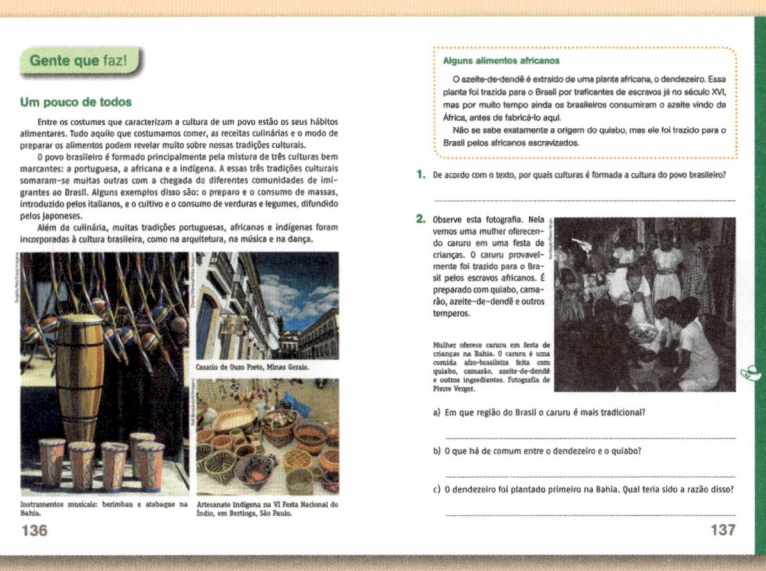

Gente que faz!

Nesta seção, os textos, as imagens e as atividades foram planejados de forma a permitir que você conheça alguns procedimentos que caracterizam o trabalho do historiador.

Conheça a organização do seu livro

Rede de Ideias

As atividades propostas vão ajudá-lo a retomar as principais ideias do que você trabalhou na unidade.

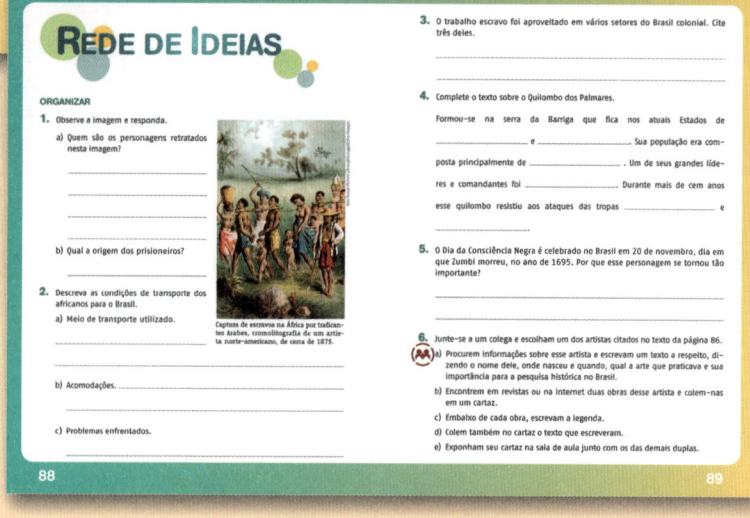

Convivência

Quatro das oito unidades terminam com esta seção. É o momento de refletir sobre valores e atitudes que vão contribuir para você se tornar um cidadão consciente e participante.

Organizadores

Ao longo do livro você vai ser convidado a realizar várias atividades. Em algumas delas, fique atento para as orientações com ícones.

Conheça os significados dos ícones:

 atividade oral

 atividade em dupla

 atividade em grupo

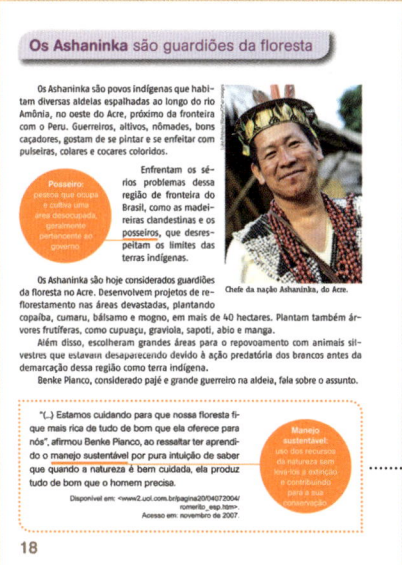

Glossário:
Nos capítulos, alguns termos e expressões mais complexos são definidos ao lado do texto correspondente, a fim de facilitar a leitura e a compreensão.

Sugestão de leitura:
As unidades trazem sugestões de leitura, com a indicação de livros que permitem enriquecer os assuntos abordados.

Fontes e testemunhos históricos:
Ao longo de todo o livro você vai entrar em contato com muitas fontes e testemunhos históricos: mapas, fotografias, depoimentos, objetos (cultura material), trechos de relatos de viagem, de artigos de jornais e revistas, além de obras de escritores, especialistas e historiadores.

Sumário

Unidade 1 — Os primeiros habitantes do Brasil — 8

1. O Brasil antes dos brasileiros 10

Gente que faz!
Objetos com muita história 12
    Os antepassados dos indígenas 14
        O povo do sambaqui 14
        O povo da flecha 14
        O povo marajoara 15

2. Onde vivem os indígenas hoje 16

    Os Ashaninka são guardiões da floresta 18
Rede de Ideias 20

Unidade 2 — O encontro de duas culturas — 24

1. O encontro de brancos e indígenas 26

    Os primeiros contatos 26
    O indígena visto pelo europeu 28
        Os relatos de Hans Staden 28
        A carta de Caminha 29

Gente que faz!
A linha do tempo 30
O que é um século 31

2. Os povos indígenas na época da chegada dos portugueses 32

    A língua tupi se transformou na língua geral 32
    A aldeia tupi 33
    Alguns costumes dos Tupi 34
    As heranças indígenas 34

Rede de Ideias 36
Convivência
Nós e os outros 40

Unidade 3 — As viagens portuguesas — 42

1. Do outro lado do mar 44

    Como eram as viagens 46
        Instrumentos que facilitaram a navegação 46
        A dura vida nas embarcações 47

Gente que faz!
Ler para saber 48

2. Terra à vista 50

    Primeiros moradores portugueses 50
    As capitanias hereditárias 51
    A história de João Ramalho 52
    As trilhas indígenas: o Peabiru 53

Rede de Ideias 54

Unidade 4 — Invasões estrangeiras no Brasil — 58

1. O Tratado de Tordesilhas 60

    Piratas e corsários no litoral brasileiro 62
        Fortes e fortificações protegem a costa 62

Gente que faz!
Corsários e aventureiros no litoral sul do Brasil 64

2. Franceses e holandeses no Brasil 66

    A expulsão dos franceses do Rio de Janeiro 67
    Os holandeses invadem o Brasil 68

Rede de Ideias 70
Convivência
Conhecer e preservar 74

Unidade 5 — A África Atlântica e o Brasil — 76

1. Do outro lado do Atlântico 78
- Os portugueses conquistam a África 80

2. Do lado de cá do Atlântico 82
- A chegada ao destino 82
- Luta e resistência escrava 84
  - O quilombo dos Palmares 84

Gente que faz!
Imagens que documentam a História 86

Rede de Ideias 88

Unidade 6 — A família real portuguesa chega ao Brasil — 92

1. A Corte chega ao Rio de Janeiro 94
- Primeiras mudanças 94
- A vida na cidade se agita 96
  - Moradia para a Corte 96
  - O abastecimento da cidade 97

Gente que faz!
Uma biblioteca chega ao Brasil 98
A maior biblioteca portuguesa no Brasil 99

2. O Rio de Janeiro passa por mudanças 100
- Costumes europeus 100
- Acontecimentos movimentaram o Rio de Janeiro 102
  - Finalmente, um rei no Brasil 102
- Artistas e cientistas chegaram ao Brasil 103

Rede de Ideias 104

Convivência
Diversão para muita gente 108

Unidade 7 — Pessoas do mundo inteiro chegam ao Brasil — 110

1. O fim do trabalho escravo no Brasil 112
- Quem eram os imigrantes europeus? 114

Gente que faz!
História de família 116

2. A vida dos imigrantes no Brasil 118
- São Paulo, os imigrantes e o café 119
- O cotidiano nas colônias e nas fazendas de café 120
  - Os núcleos coloniais 120
- O trabalho nas fazendas de café 121

Rede de Ideias 122

Unidade 8 — No século XX, uma nova onda de imigração — 126

1. Os imigrantes japoneses 128
- A chegada dos primeiros japoneses 128
- Os japoneses nas fazendas de café 130
  - As dificuldades de adaptação 130
  - A cultura japonesa no Brasil 131

2. Outras comunidades imigrantes no Brasil 132
- Os sírio-libaneses 132
- Os judeus 133
- Novas correntes imigratórias 135

Gente que faz!
Um pouco de todos 136

Rede de Ideias 138

Convivência
Um povo de muitos povos 142

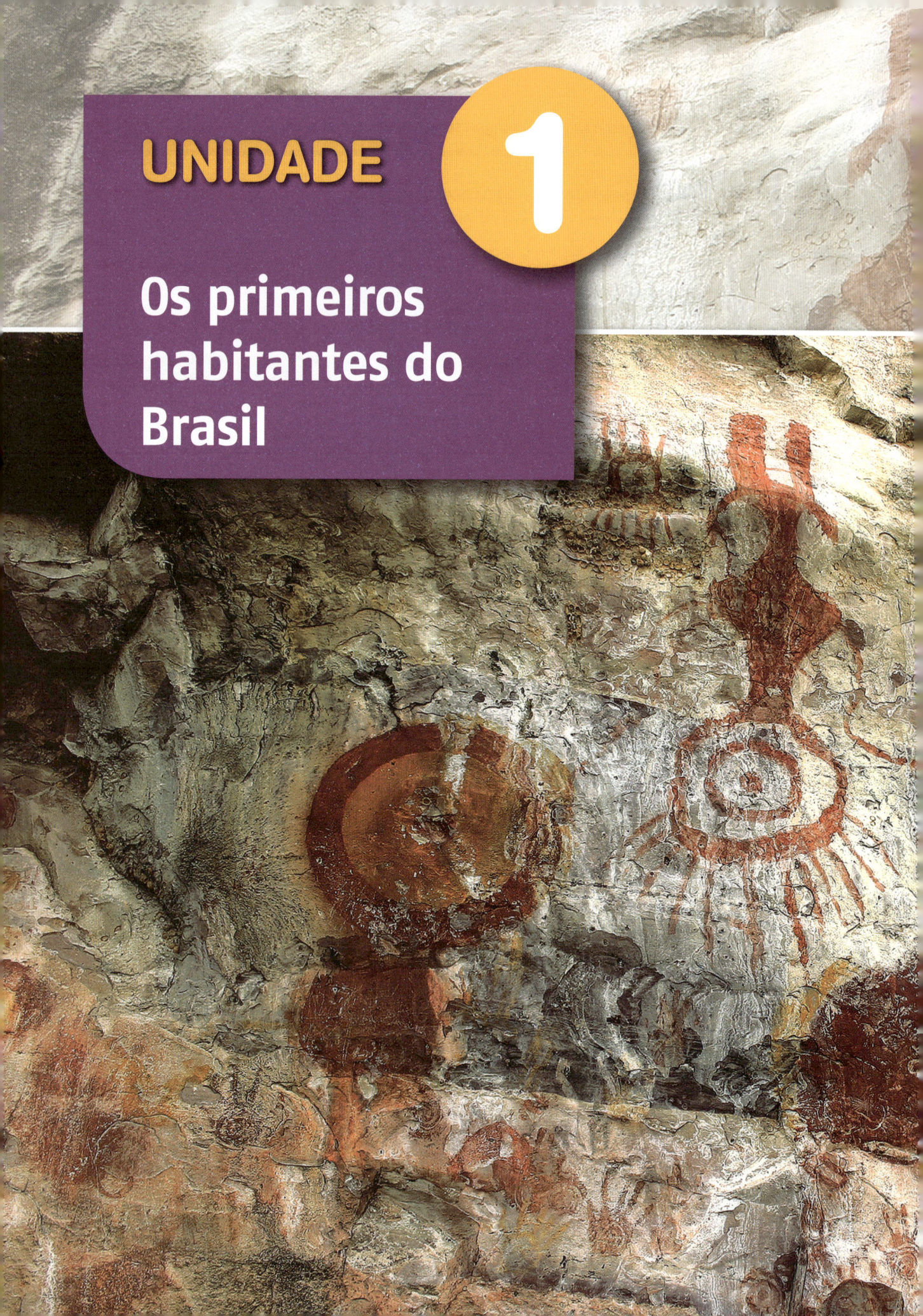

UNIDADE 1

Os primeiros habitantes do Brasil

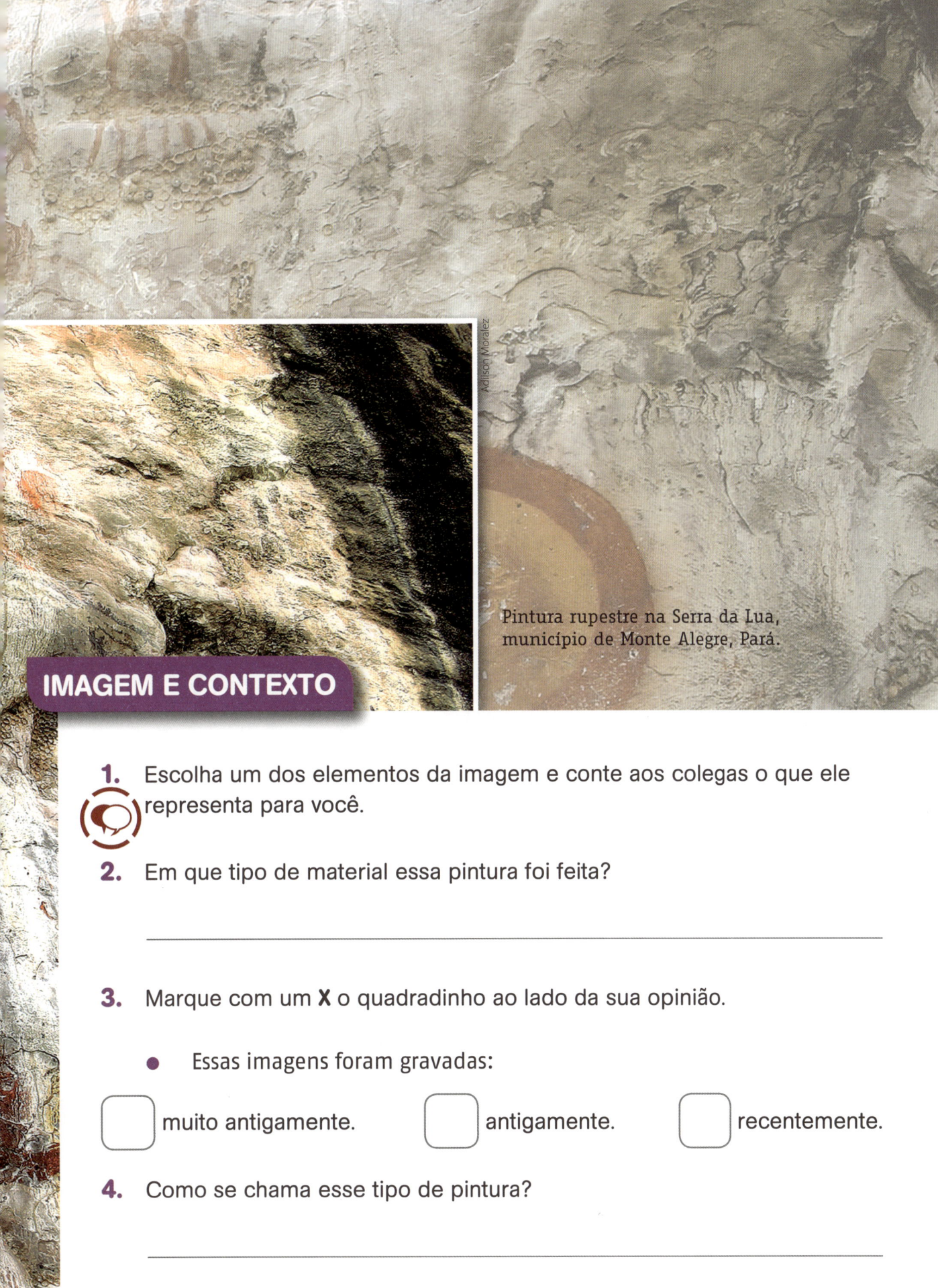

Pintura rupestre na Serra da Lua, município de Monte Alegre, Pará.

IMAGEM E CONTEXTO

1. Escolha um dos elementos da imagem e conte aos colegas o que ele representa para você.

2. Em que tipo de material essa pintura foi feita?

   _____

3. Marque com um **X** o quadradinho ao lado da sua opinião.

   • Essas imagens foram gravadas:

   ☐ muito antigamente.   ☐ antigamente.   ☐ recentemente.

4. Como se chama esse tipo de pintura?

   _____

CAPÍTULO 1
O Brasil antes dos brasileiros

Quando o Brasil começou a ser habitado? A resposta a essa pergunta tem sido buscada por inúmeros cientistas e pesquisadores. Ao estudar vestígios humanos muito antigos em cavernas brasileiras, eles descobriram que as terras onde hoje é o Brasil começaram a ser habitadas há milhares de anos por diferentes povos.

Foram analisados objetos, restos de alimentos, armas, enfeites e pinturas rupestres, a fim de saber como viviam esses primeiros habitantes da nossa terra. Os vestígios mais antigos foram encontrados em São Raimundo Nonato, no Piauí, uma região cheia de cavernas.

Os seres humanos que aqui habitaram em épocas pré-históricas viviam da caça de pequenos animais e da coleta de frutas e raízes comestíveis. Aprenderam a explorar todos os recursos do território que ocupavam.

As condições climáticas que esses povos encontraram há milhares de anos eram diferentes das que conhecemos. A partir de 6 mil anos atrás é que se tornaram semelhantes às que existem hoje.

Pintura rupestre da Toca do Boqueirão da Pedra Furada no Parque Nacional da Serra da Capivara, no Piauí. Em 1991, a Unesco inscreveu esse parque na lista de Patrimônio Cultural da Humanidade pelo seu valor cultural.

Paisagem da Serra da Capivara, no Piauí. A região concentra 657 sítios arqueológicos com pinturas rupestres e muitos outros com vestígios da ocupação humana pré-histórica no Brasil. A Fumdham (Fundação Museu do Homem Americano) luta para preservar esse patrimônio da Humanidade.

1. O que os pesquisadores estudam para saber há quanto tempo um local é habitado?

___

2. Marque com um **X** a frase que explica por que os povos que habitavam as terras do Brasil foram inicialmente nômades.

☐ As condições climáticas da região eram diferentes das atuais.

☐ Esses povos ainda não praticavam a agricultura e sobreviviam da coleta e da caça de pequenos animais.

Nômade: que vive mudando de lugar e não tem habitação fixa.

3. Leia o texto do capítulo e do quadro a seguir.

> Num processo que durou vários milênios, e que envolveu o trabalho e a criatividade acumulados de muitas gerações, as culturas pré-históricas adaptaram-se, progressivamente, a essas novas condições (climáticas).
>
> (...) Aos poucos aprenderam a explorar os recursos dos territórios que ocuparam, desenvolvendo culturas específicas, diferentes para cada região.
>
> Norberto Luiz Guarinello. *Os primeiros habitantes do Brasil*. São Paulo: Atual, 1994. p. 15.

• A que mudanças climáticas se refere o texto?

___

___

Gente que faz!

Objetos com muita história

O arqueólogo é o pesquisador que analisa a cultura material e as ossadas remanescentes de um povo. Chamamos de **cultura material** o conjunto dos objetos produzidos por um povo ao longo do tempo: utensílios domésticos, armas, enfeites. Esses vestígios são documentos que os arqueólogos desvendam e interpretam para entender como viviam os seres humanos no passado.

O trabalho do arqueólogo começa quando ele localiza um **sítio arqueológico**, ou seja, um lugar onde são encontrados vestígios do passado.

> Pode ter sido um lugar onde moravam pessoas, como uma cabana de palhas e madeira, uma caverna ou um monte artificial. Mas pode ter sido também um cemitério, ou um depósito de lixo, ou um lugar ocupado por pouco tempo, para realizar uma caçada, por exemplo, ou para se pintar uma parede. Um mesmo sítio, além disso, pode ter sido ocupado várias vezes, por povos diferentes e com culturas distintas.
>
> Norberto Luiz Guarinello. *Os primeiros habitantes do Brasil.* São Paulo: Atual, 1994. p. 7.

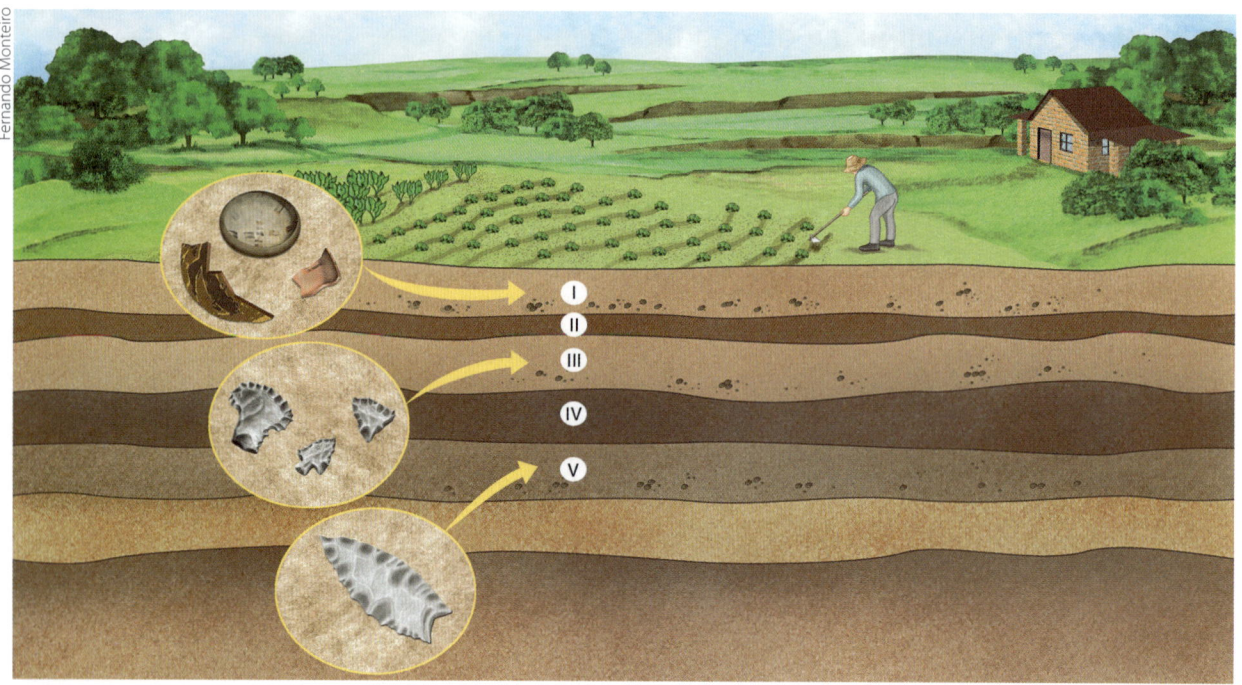

Desenho esquemático das diferentes camadas escavadas em um sítio arqueológico.

O arqueólogo escava camadas de terra, areia ou pedras. Quanto mais profunda a camada, mais antigos os vestígios encontrados. Por meio dos achados pode-se obter o conhecimento dos povos que viveram naquele sítio. Os vestígios são estudados em laboratório, junto com outros registros, como fichas, diários, mapas, fotografias e depoimentos, que vão ajudar o arqueólogo na sua interpretação.

Pelo estudo de ossadas humanas, ele pode descobrir como se alimentavam, que doenças tinham e como se relacionavam as pessoas que viveram no sítio arqueológico.

Também nas cidades, pesquisando espaços urbanos e construções antigas, o arqueólogo pode desvendar as diferentes ocupações e mudanças que os edifícios sofreram ao longo do tempo.

O edifício do Museu Anchieta, situado no Pátio do Colégio, centro de São Paulo, começou a ser construído em 1554 para abrigar o Colégio de São Paulo de Piratininga. A fotografia mostra um espaço restaurado do museu e uma parede de taipa de pilão, a qual serve para visualizar essa técnica de construção antiga.

1. De acordo com o texto, o que é cultura material?

_____

_____

2. Façam uma lista de objetos da cultura material que vocês conhecem.

3. Imagine que o espaço da escola em que você estuda foi considerado um sítio arqueológico. O que os arqueólogos encontrariam nas escavações? Discuta com os colegas e depois escreva a conclusão a que chegaram.

_____

_____

_____

Os antepassados dos indígenas

Arqueólogos descobriram vestígios interessantes dos antepassados dos indígenas que viviam na terra hoje chamada de Brasil.

O povo do sambaqui

> **Sambaquis** são pequenas elevações no terreno formadas principalmente de restos de alimentos de origem animal (conchas e ossos de répteis, aves, peixes e pequenos mamíferos).

Eles existem há mais ou menos 6 mil anos e são encontrados em diversos pontos da atual costa brasileira, principalmente no Sul. São vestígios de um povo pacífico que habitava essas regiões e que foi acumulando esses restos ao longo de muito tempo.

No meio dos sambaquis os arqueólogos encontraram também objetos e ossadas humanas, o que fez concluir que esse povo costumava enterrar ali seus mortos.

Arqueóloga pesquisando um sambaqui no litoral de Santa Catarina.

O povo da flecha

Nas florestas do sul do Brasil, há cerca de 6 mil anos, viveram os antepassados dos indígenas guaicurus. Eram muito habilidosos no uso do arco-e-flecha, da lança e da boleadeira, e dominavam a arte de montar e caçar a cavalo.

> Boleadeiras eram armas de caça formadas por duas ou três bolas de pedra amarradas numa tira de couro. Atiradas com habilidade, prendiam-se às pernas dos animais, imobilizando-os. E as flechas, como é de conhecimento de todos, são pontas afiadas, feitas de pedras ou de cristal de quartzo, presas a uma haste de madeira e arremessadas por um arco, também feito de madeira vergada por um cordão.
>
> Kaka Werá Jecupé. *A terra dos mil povos – História indígena do Brasil contada por um índio.* São Paulo: Peirópolis, 1998. p. 35.

O povo marajoara

Na ilha de Marajó, na foz do rio Amazonas, viveram os marajoaras há 3 500 anos. Eles construíam morros artificiais chamados "tesos" para se protegerem das inundações na época das cheias do rio. Chegaram a construir cidades, onde moravam centenas de pessoas. Os estudiosos calculam que, no seu auge, a civilização marajoara atingiu mais ou menos 100 mil habitantes.

O povo marajoara dominava técnicas artísticas sofisticadas e fazia vasos, tigelas, urnas funerárias e esculturas de argila cozida.

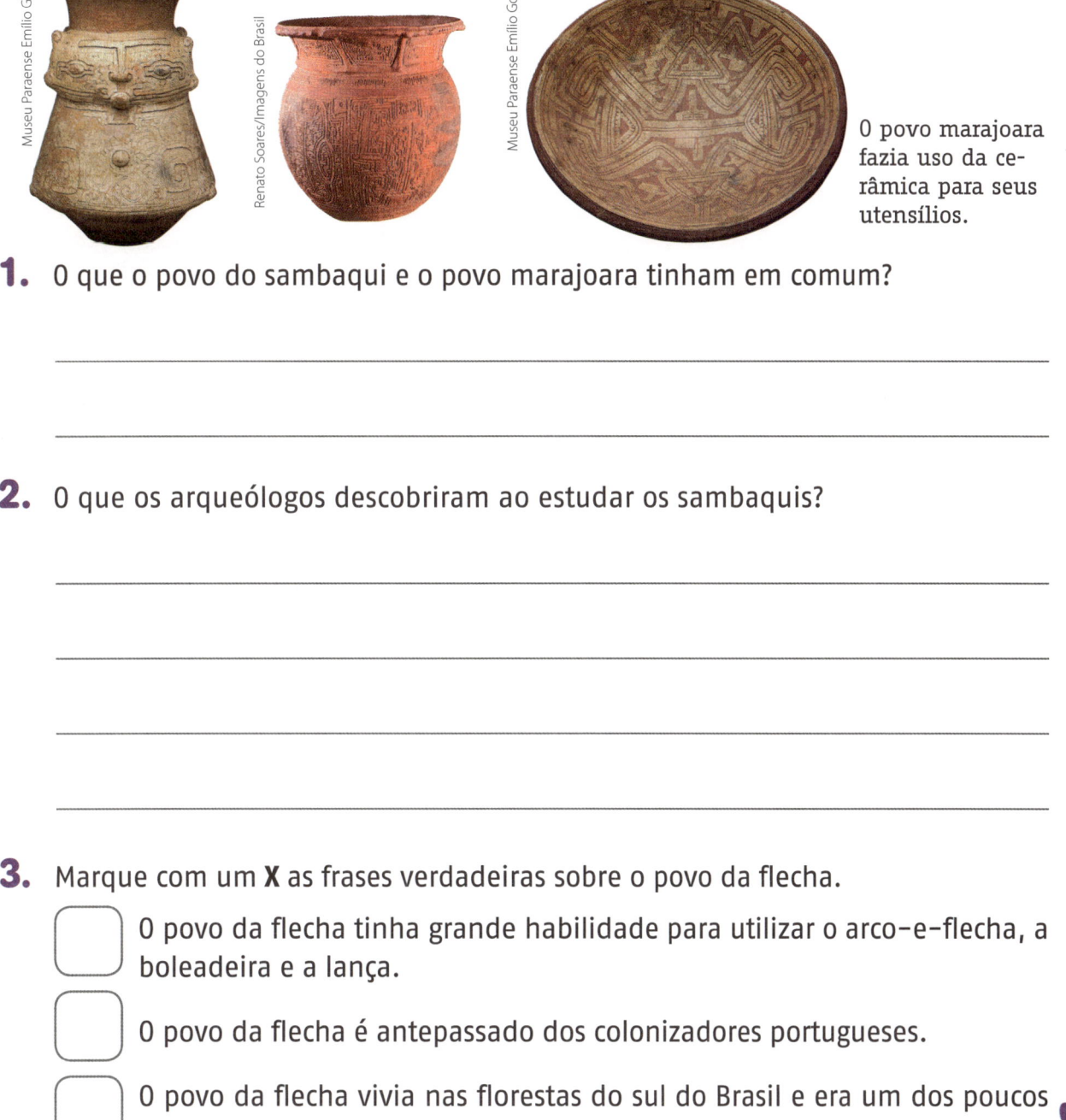

O povo marajoara fazia uso da cerâmica para seus utensílios.

1. O que o povo do sambaqui e o povo marajoara tinham em comum?

_____

_____

2. O que os arqueólogos descobriram ao estudar os sambaquis?

_____

_____

_____

_____

3. Marque com um **X** as frases verdadeiras sobre o povo da flecha.

☐ O povo da flecha tinha grande habilidade para utilizar o arco-e-flecha, a boleadeira e a lança.

☐ O povo da flecha é antepassado dos colonizadores portugueses.

☐ O povo da flecha vivia nas florestas do sul do Brasil e era um dos poucos povos indígenas que montava a cavalo.

CAPÍTULO 2

Onde vivem os indígenas hoje

Quando os portugueses chegaram aqui em 1500, os indígenas já habitavam o atual território brasileiro havia mais de 11 mil anos. Ocupavam esta terra divididos em nações muito diferentes entre si, com diferentes culturas, diversas línguas e também distintos modos de viver e de se relacionar com a natureza.

Atualmente, existem cerca de 227 nações indígenas no nosso país, que falam mais de 180 línguas. Alguns exemplos são: Carajá, Bororo, Terena, Ticuna, Pataxó, Xavante, Ianomâmi, Guarani, Kamayurá e Krahô.

Mulheres da nação Kamayurá, em Mato Grosso, trabalhando na roça de mandioca.

Mulher da nação Krahô, do Tocantins, preparando cesto de buriti junto com familiares.

A maior parte desses indígenas vive em **reservas**, que são áreas demarcadas e protegidas pelo governo e garantidas pela nossa Constituição. As nações indígenas têm hoje o direito sobre as terras que tradicionalmente ocupam. Mas nem sempre foi assim.

Os pesquisadores calculam que havia entre 2 e 4 milhões de indígenas no Brasil na época em que os portugueses chegaram. Em um primeiro momento, os indígenas mantiveram relações amistosas com os colonizadores. Em seguida, passaram a guerrear constantemente e isso trouxe consequências desastrosas para eles. Muitos foram escravizados, exterminados em guerras ou pelas doenças trazidas pelo homem branco.

1. Observe o mapa.

Cada região tem uma cor. Os números representam a quantidade de nações em cada estado.

Fonte: www.socioambiental.org.br/pib/portugues/quonqua/ondeestao/quvivonde.shtm#1

a) Atualmente em que região do Brasil concentra-se a maior parte dos grupos indígenas?

___

b) Qual região brasileira apresenta o menor número de povos indígenas?

___

c) Na época do descobrimento a maior parte dos grupos indígenas concentrava-se no litoral. Houve alguma mudança em relação a sua localização?

___

2. De acordo com o texto, que fatores explicam a redução da população indígena ao longo do tempo?

___

___

17

Os Ashaninka são guardiões da floresta

Os Ashaninka são povos indígenas que habitam diversas aldeias espalhadas ao longo do rio Amônia, no oeste do Acre, próximo da fronteira com o Peru. Guerreiros, altivos, nômades, bons caçadores, gostam de se pintar e se enfeitar com pulseiras, colares e cocares coloridos.

Enfrentam os sérios problemas dessa região de fronteira do Brasil, como as madeireiras clandestinas e os posseiros, que desrespeitam os limites das terras indígenas.

Posseiro: pessoa que ocupa e cultiva uma área desocupada, geralmente pertencente ao governo.

Os Ashaninka são hoje considerados guardiões da floresta no Acre. Desenvolvem projetos de reflorestamento nas áreas devastadas, plantando copaíba, cumaru, bálsamo e mogno, em mais de 40 hectares. Plantam também árvores frutíferas, como cupuaçu, graviola, sapoti, abio e manga.

Além disso, escolheram grandes áreas para o repovoamento com animais silvestres que estavam desaparecendo devido à ação predatória dos brancos antes da demarcação dessa região como terra indígena.

Benke Pianco, considerado pajé e grande guerreiro na aldeia, fala sobre o assunto.

Chefe da nação Ashaninka, do Acre.

"(...) Estamos cuidando para que nossa floresta fique mais rica de tudo de bom que ela oferece para nós", afirmou Benke Pianco, ao ressaltar ter aprendido o manejo sustentável por pura intuição de saber que quando a natureza é bem cuidada, ela produz tudo de bom que o homem precisa.

Manejo sustentável: uso dos recursos da natureza sem levá-los à extinção e contribuindo para a sua conservação.

Disponível em: <www2.uol.com.br/pagina20/04072004/romerito_esp.htm>.
Acesso em: novembro de 2007.

Os Ashaninka são criativos, pois transformam os conflitos em oportunidades para fortalecer suas tradições culturais, encontrando novos caminhos para proteger o meio ambiente e tirar benefícios dos recursos naturais.

Um dos grandes problemas enfrentados por esse povo é a exploração madeireira mecanizada de suas terras. As empresas derrubam a floresta com maquinário pesado, que também espanta a caça. As intervenções das autoridades não têm sido suficientes para controlar a situação.

1. De que nação indígena trata o texto? Onde ela se situa? Quais são suas características?

_____

_____

2. Por que os Ashaninka são considerados "guardiões da floresta"?

_____

_____

_____

3. O que o pajé dos Ashaninka quer dizer com a frase: "(...) quando a natureza é bem cuidada, ela produz tudo de bom que o homem precisa"?

4. Complete o quadro com exemplos tirados do texto:

Árvores frutíferas	Outras árvores

5. Pesquisa.
- Busque informações sobre uma árvore e uma fruta citadas no texto.
- Escreva um texto explicando as suas características e, se possível, ilustre com fotografias.
- Reúna-se com os colegas para montarem na sala de aula um painel coletivo com os trabalhos.

Rede de Ideias

ORGANIZAR

1. Por que não é correto afirmar que os portugueses descobriram o Brasil?

   _____

   _____

2. Observe a fotografia e responda.

   a) Qual é a profissão da pessoa fotografada?

   _____

   b) Onde ele realiza suas pesquisas?

   _____

   Arqueólogo trabalhando em sítio arqueológico no deserto de Gobi.

3. Imaginem um arqueólogo daqui a 150 anos. Ele está pesquisando o local onde antigamente ficava a sua residência.

   a) Escreva em uma folha à parte o relatório do arqueólogo, contando o que ele descobriu e a quais conclusões chegou.

   b) Troque o seu relatório com o de um colega e comparem os resultados.

4. Corrija estas frases de acordo com o que você aprendeu.

   a) Todos os indígenas falam a mesma língua e vivem do mesmo modo.

   _____

b) Na época da chegada dos portugueses a maior parte dos povos indígenas vivia em reservas indígenas.

_____

5. Leia esta lenda indígena, observe atentamente as imagens e leia as legendas.

Lenda da cestaria

Ela tinha um comprimento fora do comum. A pele, desde a cabeça até o final do corpo, apresentava as cores vermelha e preta. [...]

Tuluperê virava embarcações que navegavam nas águas dessa divisa e, quando conseguia pegar uma pessoa, apertava-a até matar e dela se alimentava. Um dia, os índios da nação Wayana [...], com a ajuda do Xamã, líder religioso, conseguiram matar Tuluperê, [...] com muitas flechas. Nessa ocasião, viram os desenhos da pele da cobra-grande, memorizando-os. A partir daí, passaram a reproduzi-los em todas as suas peças de cestaria.

Disponível em: <www.tucunare.mil.br/lendas/lendas.htm#cestaria>. Acesso em: maio de 2008.

Jiboia. Detalhe do desenho da pele.   Artesanato indígena com palha de buriti.

a) Como é o nome da cobra de que fala a lenda? _____

b) O que as fotografias lembram a respeito da lenda?

_____

_____

_____

REFLETIR

6. Observem esta pintura rupestre. Descreva o que vocês acham que ela representa.

Pintura rupestre de cerca de 8000 antes de Cristo, em Barão de Cocais, Minas Gerais.

7. Leia o texto.

> Povos ricos, ainda que sem moeda e roupas. Povos com engenharia, medicina e arquitetura que, hoje, os brancos reconhecem como a sabedoria de um desenvolvimento baseado no uso e no usufruto de todo o meio ambiente, e uma sustentabilidade que não destrói a terra, nem contamina as águas e o ar. Povos que tinham força física amparada na força espiritual e cuja cultura, transmitida oralmente de pais para filhos, traduzia a voz dos céus, da terra e das águas.
>
> Marcos Terena. Disponível em: <www.jbonline.terra.com.br/destaques/500anos/id1ma7.html>. Acesso em: setembro de 2007.

a) A que povos se refere o texto?

_____

b) Na sua opinião, o que os povos indígenas podem nos ensinar quanto a uma melhor forma de relação com o meio ambiente?

_____

_____

AMPLIAR

8. Pesquisa.

a) Descubra uma nação indígena que viva próximo da região onde vocês moram.

b) Pesquisem a respeito dessa nação e escrevam um texto com as informações colhidas.

c) Procurem em revistas ou na internet uma fotografia ou ilustração desse povo para colar em uma cartolina junto com o texto.

d) Exponham seu trabalho na sala de aula junto com os de seus colegas.

9. Investigue o lixo da sua casa durante três dias.

a) Faça uma lista dos materiais encontrados no lixo: plásticos, latas, embalagens de papel ou papelão, vidros e restos de comida.

_____

_____

_____

_____

_____

_____

b) A partir do que você encontrou nesses três dias, faça um resumo sobre os hábitos alimentares e de consumo da sua família.

_____

_____

_____

_____

c) Compare o resultado da sua investigação com os dos colegas.

UNIDADE 2

O encontro de duas culturas

Descobrimento do Brasil, óleo de Waldomiro de Deus, 2000.

Waldomiro de Deus

IMAGEM E CONTEXTO

1. Que povos estão representados na imagem?

   _____

2. Que diferenças entre os costumes desses dois povos ficam evidentes nesta imagem?

   _____

3. Escreva algum costume dos povos que habitavam as terras que hoje formam o Brasil.

   _____

   _____

4. Coloque-se no lugar dos portugueses e conte aos colegas o que você imagina que eles pensaram dos indígenas quando os encontraram. Depois, coloque-se no lugar dos indígenas na mesma situação e conte o que eles imaginaram ao encontrarem os portugueses.

CAPÍTULO 1

O encontro de brancos e indígenas

Há pouco mais de 500 anos europeus resolveram cruzar os oceanos em busca de riquezas e de novas terras. Chegaram então a um novo continente e encontraram povos antes desconhecidos para eles. Esses povos foram chamados de **índios**, e o novo continente, de América.

O encontro desses povos com europeus causou muito espanto e admiração, além de muita mudança e inovação. Vamos conhecer um pouco mais essa história?

Os primeiros contatos

Em 1492, chefiando uma expedição espanhola, Cristóvão Colombo chegou ao continente que mais tarde seria chamado de América. Poucos anos depois, em 1500, a frota portuguesa conduzida por Pedro Álvares Cabral atracou em Porto Seguro, na Bahia, após um mês e meio de viagem.

Desembarque de Cabral em Porto Seguro, obra de Oscar Pereira da Silva, feita em 1904.

Ao chegar aqui, os portugueses ficaram muito surpresos: os indígenas tinham a pele avermelhada e andavam nus. Os indígenas, por sua vez, também estranharam. Aqueles homens eram brancos, peludos, usavam roupas e chegavam do mar no que eles chamavam de "canoas gigantes" (as caravelas). Esse estranhamento aconteceu porque os dois povos tinham culturas e costumes muito diferentes.

1. Leia a letra da música.

Chegança

(...)
Mas de repente
me acordei com a surpresa
uma esquadra portuguesa
veio na praia atracar.
Da Grande-nau,
um branco de barba escura,
vestindo uma armadura
me apontou para me pegar.

E assustado
dei um pulo da rede,
pressenti a fome, a sede,
eu pensei: "vão me acabar".
Me levantei
de borduna já na mão.
Ai, senti no coração,
o Brasil vai começar.

Borduna: arma indígena feita de madeira.

Antonio Nóbrega e Wilson Freire. Chegança. In: CD *Madeira que cupim não rói*. São Paulo: Trama, 1997. Disponível em: <www.antonionobrega.com.br/scripts/musica2.php?m=21>. Acesso em: janeiro de 2008.

a) A letra da música trata do encontro de indígenas e portugueses. Quem está narrando a história?

_____

b) Como eram os portugueses segundo a descrição do narrador?

_____

c) Na sua opinião, por que o narrador ficou assustado?

_____

_____

2. Discuta com os colegas. Por que o narrador afirmou na última frase que "o Brasil vai começar"?

27

O indígena visto pelo europeu

Os primeiros contatos entre brancos e indígenas foram registrados em documentos, como cartas de viajantes, diários de navegação, crônicas oficiais e religiosas e também livros. Neles é possível ver como o europeu enxergava o indígena.

Os relatos de Hans Staden

No ano de 1554, o alemão Hans Staden, que trabalhava como artilheiro em um forte português na região de São Vicente, litoral sul de São Paulo, foi aprisionado pelos Tupinambá, que eram inimigos dos portugueses.

Foram nove meses de cativeiro e de intensa convivência com esses indígenas. Hans achava que seria morto pela tribo, mas conseguiu se libertar. Ele então voltou para a Alemanha e lá publicou o livro **Viagem ao Brasil**, em que conta hábitos e costumes indígenas com detalhes.

Dois chefes tupinambás adornados com plumas, ilustração anônima do livro em que Hans Staden narra suas duas viagens ao Brasil, publicado em 1557.

> Os selvagens não praticam, entre eles, nenhum tipo de comércio e não conhecem nenhum dinheiro. Seus únicos tesouros são penas de pássaros, sendo visto como rico aquele que possui muitas delas. Quem usa uma pedra no lábio inferior também tem muito prestígio. Cada família possui sua própria plantação de mandioca, que lhes basta para viver.
>
> Hans Staden. *A verdadeira história dos selvagens, nus e ferozes devoradores de homens.* Rio de Janeiro: Dantes, 1998. p. 156.

A carta de Caminha

Um dos documentos mais importantes da história do encontro de europeus com indígenas no Brasil, na época da chegada dos portugueses, é a carta de Pero Vaz de Caminha. Caminha era escrivão da esquadra comandada por Pedro Álvares Cabral. Sua carta narra a descoberta da nova terra ao rei de Portugal e é considerada o primeiro documento escrito sobre o Brasil. Veja como ele descreveu os indígenas.

> A feição deles é serem pardos, maneira de avermelhados, de bons rostos e bons narizes, bem feitos. Andam nus, sem nenhuma cobertura, nem estimam cobrir nenhuma coisa, nem mostrar suas **vergonhas**: acerca disso, estão em tanta inocência como têm em mostrar o rosto. Ambos traziam furados os beiços de baixo, e metidos neles ossos, ossos brancos (...).
>
> Disponível em: <www.educacaopublica.rj.gov.br/biblioteca/historia/hist15b.htm>.
> Acesso em: fevereiro de 2008.

Vergonhas: órgãos sexuais humanos.

A carta de Pero Vaz de Caminha conservou-se inédita por mais de duzentos anos no Arquivo Nacional da Torre do Tombo, em Lisboa. Foi descoberta em 1773 por José Seabra da Silva e publicada no Brasil, pela primeira vez, em 1817.

1. Que aspecto dos indígenas chamou a atenção de Hans Staden e de Caminha?

___

2. Descreva alguns costumes dos indígenas segundo Hans Staden.

___

___

3. A comunicação do descobrimento do Brasil foi feita ao rei de Portugal por carta.

a) De que maneira essa carta foi enviada? Quanto tempo pode ter demorado para ela chegar ao rei de Portugal?

b) Imagine que um novo território seja descoberto hoje. Quais seriam os meios utilizados para comunicar essa descoberta? Quanto tempo levaria para a comunicação ser feita?

Gente que faz!

A linha do tempo

O encontro de europeus com nativos americanos marca o nascimento de uma nova época conhecida como **Idade Moderna**, que tem início no ano de 1492 com a descoberta da América.

Para nos orientar melhor no tempo, os historiadores criaram a **linha do tempo**. Ela é uma forma de organizar os acontecimentos em uma determinada sequência temporal.

Um exemplo de linha do tempo:

História do Brasil nos séculos XV, XVI e XVII	
Século XV	→ 1500 – Chegada dos portugueses
Século XVI	→ 1531 – Expedição de Martim Afonso de Sousa
	→ 1532 – Fundação de São Vicente
	→ 1534 – Criação das capitanias hereditárias
	→ 1538 – Chegada dos primeiros escravos africanos
	→ 1549 – Chegada de Tomé de Sousa — Fundação de Salvador
	→ 1554 – Fundação de São Paulo
	→ 1565 – Fundação do Rio de Janeiro
Século XVII	→ 1612 – Fundação de São Luís, no Maranhão, pelos franceses
	→ 1629 – Destruição de missões jesuíticas no Paraná por bandeirantes
	→ c. 1630 – Início do Quilombo dos Palmares — Invasão holandesa de Pernambuco — Chegada de Maurício de Nassau a Pernambuco
	→ 1654 – Expulsão definitiva dos holandeses do Brasil
	→ 1695 – Destruição do Quilombo dos Palmares e morte de Zumbi

Em muitas situações, como no caso da história de um país, devem ser registrados na linha do tempo acontecimentos de longa duração. Por isso é importante conhecer o conceito de **século**.

O que é um século

O século é uma unidade de tempo que equivale a 100 anos. Um século começa no ano **01** e termina no **00**. O século dezessete, por exemplo, começou no ano 16**01** e terminou no ano 17**00**. Veja outros exemplos:

- o século I (século primeiro) começou no ano 1 e terminou no ano 100;
- o século XX (século vinte) começou em 1901 e terminou no ano 2000;
- o século XXI (século vinte e um) começou em 2001 e terminará em 2100.

A representação do século costuma ser feita em algarismos romanos, mas também a encontramos com algarismos arábicos (os numerais que você costuma usar). Para registrarmos o século correspondente ao ano de 1492, por exemplo, podemos escrever: século XV (em algarismos romanos) ou século 15 (em algarismos arábicos).

1. Complete as frases.

a) Os anos de 1301 a 1400 pertencem ao século _____.

b) O século XVIII engloba os anos de _____ a _____.

2. Ligue o acontecimento à sua data e escreva no retângulo o século a que pertence cada data.

A carta de Caminha é encontrada no Arquivo Nacional da Torre do Tombo, em Lisboa.	2008
Estudantes leem a carta de Caminha na sala de aula.	1773
A carta de Caminha é publicada no Brasil pela primeira vez.	1500
Caminha escreve uma carta comunicando a chegada a uma nova terra.	1817

31

CAPÍTULO 2

Os povos indígenas na época da chegada dos portugueses

Os primeiros povos a entrar em contato com os portugueses foram os Tupi-guarani, pois habitavam o litoral desde Cananeia, no sul do atual estado de São Paulo, até o Maranhão. Eram ótimos navegadores de rios e excelentes pescadores e caçadores. E conheciam muito bem o território onde viviam.

Os Tupi-guarani eram considerados guerreiros de espírito conquistador e por isso influenciaram outros povos indígenas, que adotaram alguns dos seus hábitos e a sua língua. Na época em que os portugueses chegaram aqui, eles dominavam grande parte da costa brasileira.

A língua tupi se transformou na língua geral

Como a língua tupi era falada pela maioria dos indígenas, os portugueses tiveram de aprendê-la para poderem se comunicar com eles. O conhecimento da língua tupi facilitou a colonização.

Muitos portugueses se casaram com filhas de chefes indígenas, formando alianças na exploração do novo território. O tupi ficou sendo a "língua geral" ou "língua brasílica". E teve muita influência sobre o português falado no Brasil.

Aldeia dos Kamayurá, no Parque Indígena do Xingu, Mato Grosso. Essa nação preserva a língua tupi-guarani.

A aldeia tupi

Os povos que habitavam o litoral do Brasil na época da chegada dos portugueses viviam em pequenas **aldeias**. O conjunto das aldeias formava uma **nação** ou **tribo**. Os integrantes de uma nação indígena compartilhavam uma mesma cultura, falavam uma mesma língua e também possuíam relações de parentesco.

1. Por que os povos tupis foram os primeiros a ter contato com os portugueses?

_____

_____

2. Leia a descrição de uma aldeia indígena.

> Moravam em grandes casas, feitas de folhas de palmeira, dormiam em redes e acendiam pequenas fogueiras para se aquecerem. Em cada casa vivia uma família, constituída não apenas de mãe, pai e filhos, como conhecemos, mas de um chefe e todos os seus descendentes.
>
> As casas eram dispostas em torno de um pátio – o local das festas –, formando uma aldeia. Algumas aldeias são descritas como tendo uma cerca de troncos enfileirados à sua volta, como forma de proteção contra os inimigos.
>
> Maria Cristina Mineiro Scatamacchia. *O encontro entre culturas*. São Paulo: Atual, 1994. p. 18.

- Desenhe na moldura uma ilustração para este texto.

Alguns costumes dos Tupi

Os indígenas que os portugueses encontraram ao chegar ao Brasil possuíam hábitos e costumes muito diferentes dos seus, o que provocou grande estranhamento. Alguns desses costumes são o enterro dos mortos e as guerras.

Os indígenas tupi-guaranis faziam grandes vasos de cerâmica, que eram utilizados para preparo de bebidas ou de alimentos. Esses vasos podiam ser reutilizados como urnas funerárias para enterrar os mortos. Junto do morto, os indígenas colocavam alguns presentes, objetos de que, segundo sua crenças, ele poderia precisar em sua outra vida.

Outro costume dos Tupi-guarani mostra como eles cultuavam a memória dos antepassados: guerreando. Segundo os documentos da época, as tribos indígenas viviam em guerra entre si. Não faziam guerras para obter riquezas ou conquistar territórios. A guerra era uma forma de reverenciar a memória dos antepassados e manter vivas as tradições da tribo. Os inimigos capturados nas guerras eram executados e, assim, os parentes mortos eram vingados.

Urna funerária dos Coroados, desenho de Jean-Baptiste Debret.

As heranças indígenas

Além das palavras que herdamos da língua tupi, uma herança indígena muito importante está na nossa alimentação. Muitos dos alimentos que fazem parte do nosso dia-a-dia são de origem da América do Sul, como a mandioca, a batata-doce e a erva-mate, e já eram cultivados pelos indígenas antes da chegada dos europeus.

Além disso, muitas substâncias que são utilizadas para fazer os nossos remédios são de origem indígena, como o quinino, que é usado para a cura da malária. Por outro lado, os indígenas, em contato com os povos colonizadores, incorporaram hábitos da cultura deles, como o uso de ferramentas antes desconhecidas.

Mulher ianomâmi fazendo tapioca, 1991.

1. Observe a imagem e responda.

   a) Que costume indígena é retratado nesta obra?

   _____

   b) Por que os indígenas tinham esse costume?

   _____

   _____

   c) Que outros costumes dos indígenas aparecem na imagem?

   _____

   _____

Barcos indígenas em batalha, gravura de Theodore de Bry, 1564.

2. O que chamou mais a sua atenção nos costumes dos Tupi explicados no capítulo?

   _____

3. Jean de Léry foi um francês que conviveu com os Tupi durante quase dez meses, no século XVI. Quando retornou à Europa, ele publicou o livro **História de uma viagem ao Brasil**, em que relatou suas experiências e muitos dos costumes desse povo. Leia um trecho desse relato.

   > (...) Mostram os selvagens sua caridade natural presenteando-se diariamente uns aos outros com veações, peixes, frutas e outros bens do país; e prezam de tal forma essa virtude que morreriam de vergonha se vissem o vizinho sofrer falta do que possuem (...).
   >
   > Citado por Raymundo Campos. *O Brasil quinhentista de Jean de Léry*. São Paulo: Atual, 1998. p. 45.

   Veações: carnes de caça.

   - Qual o valor do povo tupi que você identifica no relato? Discuta com os colegas e o professor.

   _____

35

Rede de Ideias

ORGANIZAR

1. Circule a imagem que mostra o meio de transporte utilizado pelos portugueses para chegar às terras brasileiras.

Caravela do século XV.

Aeroplano da década de 1920.

Canoa atracada no rio São Francisco, em Juazeiro, Bahia.

Jangada de pescadores na praia de Morro Branco, em Beberibe, Ceará.

2. Cite dois costumes dos indígenas brasileiros que causaram estranheza aos povos europeus em 1500.

_____

3. Ao lado, você vê uma imagem da Carta de Pero Vaz de Caminha.

a) Quando ela foi escrita e por quê?

_____

_____

b) Como são descritos os indígenas nesse documento?

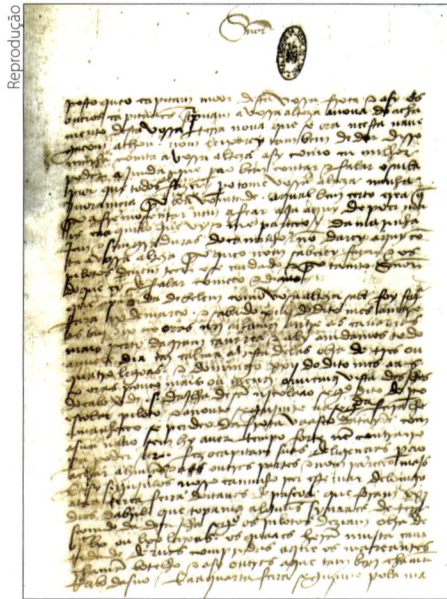
Cópia de uma página da Carta de Pero Vaz de Caminha.

_____

_____

36

4. Hans Staden foi um alemão que viveu no século XVI e que ajudou a tornar o Brasil conhecido em outros lugares. Explique como isso aconteceu.

_____

_____

5. Complete o quadro colocando as informações na coluna adequada.

- Pele avermelhada, cabelos escuros, compridos e lisos, rosto sem barba ou pelos.
- Obter riquezas e conquistar territórios.
- Pele branca, cabelos compridos, escuros ou claros, muitos com barba.
- Usavam roupas pesadas, meias, sapatos e chapéu.
- Vingar os parentes mortos.
- Andavam nus, com lábios, bochechas e orelhas enfeitados com pedras ou pedaços de ossos e usavam cocares de penas.

	Indígenas	Portugueses
Características físicas		
Vestimentas e adornos		
Objetivos da guerra		

37

REFLETIR

6. Os costumes dos povos indígenas que vivem atualmente no Brasil são os mesmos da época da chegada dos portugueses?

7. Leia.

"No século passado, muitas das comunicações que eram enviadas por carta passaram a ser feitas por meio eletrônico."

- A que século se refere esta afirmação? _____

8. Várias palavras que usamos no dia-a-dia são de origem tupi. Junte-se a um colega e façam uma pesquisa para descobrir algumas delas.

a) Distribuam as palavras encontradas na tabela.

Animais	Comidas	Plantas	Utensílios	Diversas

b) Comparem o resultado da sua pesquisa com os das outras duplas. Em que coluna aparecem mais palavras?

9. A língua tupi influenciou nossa língua desde a época da chegada dos portugueses. Atualmente há uma outra língua influenciando o nosso idioma. Que língua é essa?

_____

10. As fotografias são de brasileiros.

a) Marque com um **X** os quadrinhos ao lado das imagens que representam melhor a seguinte afirmação do texto: "Muitos portugueses se casaram com filhas de chefes indígenas".

b) Reflita: Essas fotografias são do presente ou do passado? O que podemos descobrir sobre o povo brasileiro ao observá-las?

_____

11. Traga uma fotografia sua para a sala de aula e monte um painel coletivo com os colegas. Tema: O povo brasileiro.

AMPLIAR

12. Um dos hábitos que herdamos dos povos indígenas é o do banho diário, que mantém o asseio do corpo e pode evitar a ocorrência de várias doenças. Esse é um costume que muitos estrangeiros ainda estranham ao visitar o Brasil.

- Faça uma pesquisa sobre outras influências dos hábitos e costumes dos indígenas no nosso dia-a-dia.

_____

_____

_____

Convivência

Nós e os outros

(...) Assim, Pedro descobriu que aquela era uma terra já descoberta. A terra já tinha dono!

Por um instante, os homens vestidos e os homens nus se olharam calados, mergulhados em pensamentos e dúvidas. O breve silêncio pareceu uma eternidade.

Quando finalmente falaram, perceberam que as palavras não faziam sentido naquele momento. Cada qual tinha a sua língua. Mas um simples sorriso podia mostrar ao outro a cara do desejo. (...)

Lúcia Fidalgo. *Pedro menino navegador*. Rio de Janeiro: Manati, 2000. p. 17.

Cena do filme *1492: a conquista do paraíso*, com a representação do primeiro encontro entre europeus e nativos americanos.

O texto narra o encontro de duas culturas bastante diferentes. Naquela época, havia muitos povos que não se conheciam. Hoje, com os meios de comunicação ligando o mundo todo, quase não existem culturas desconhecidas.

Existem, porém, diferenças culturais marcantes entre os diversos povos que habitam nosso planeta: eles falam línguas variadas, vestem-se de maneira diferente, têm hábitos e comportamentos distintos e celebram acontecimentos de diversas formas.

Convivendo com pessoas de outras culturas, podemos conhecer coisas novas e aprender a respeitar as diferenças.

1 Você convive com pessoas que têm hábitos culturais diferentes dos seus? Qual é a origem dessas pessoas? Quais são seus hábitos? O que você pensa a respeito dessas diferenças?

2 Reúna-se com colegas para pesquisarem a respeito de uma cultura diferente da de vocês. Sigam o roteiro para esta atividade.

- Quais são os hábitos diferentes dessa cultura? Escrevam um texto a respeito deles.
- Se possível, consigam fotografias que os revelem.
- Organizem em uma folha de cartolina o texto e as imagens obtidas.
- Apresentem seu trabalho aos demais colegas e contem a eles as coisas interessantes que vocês aprenderam.

3 Crie uma mensagem que incentive outras crianças a respeitar os costumes de outras culturas. Escreva um cartaz, assine e exponha na sala de aula.

41

UNIDADE 3

As viagens portuguesas

Área reservada para o capitão: uma cabine com móveis e livros. O resto da tripulação vivia no convés.

Animais e tripulantes: galinhas, cabras e porcos reservados para a alimentação do capitão e de seus convivas circulavam na nau em meio aos tripulantes, que ali também dormiam.

Vista em corte de uma nau do século XVI, com seus diversos compartimentos. A esquadra de Pedro Álvares Cabral era composta de nove naus, três caravelas e um pequeno barco.

Mastro principal: ali estava sempre um grumete, pronto para sinalizar o que visse.

Cozinha: pequenos fogões serviam para cozinhar arroz, peixe e carne salgada, feitos com cebola e azeite. Além disso, a tripulação comia um biscoito duro feito de farinha, água e sal.

Os mantimentos, o vinho e a água: eram guardados nos porões da nau e vigiados por soldados armados.

Meninos: de 9 a 15 anos de idade eram agregados à viagem para fazer limpeza e costurar as velas que se rasgavam constantemente.

Caravela.

Nau.

IMAGEM E CONTEXTO

1. Marque com um **X** o quadrinho ao lado da resposta correta.

Esta imagem representa um meio de transporte:

☐ antigo. ☐ atual.

2. Quem utilizava este meio de transporte no século XVI?

_____

3. Com qual objetivo foram usadas as naus e caravelas portuguesas?

_____

4. Você já viajou de barco ou de navio? Imagine como seria a viagem a bordo de uma nau portuguesa em 1500 sem destino definido. Que problemas você imagina que poderiam acontecer?

_____

CAPÍTULO 1

Do outro lado do mar

Há pouco mais de 500 anos, iniciaram-se as viagens dos portugueses rumo à exploração de mares e terras desconhecidos por eles. O objetivo maior dessas viagens era buscar riquezas e produtos muito valorizados na Europa, como o ouro, a seda, os tapetes e as especiarias da região das Índias (Oriente).

Especiarias como a canela, o cravo, o gengibre, a pimenta e a noz-moscada eram produtos muito cobiçados pelos europeus, pois o seu comércio rendia muito dinheiro. Eram usadas na alimentação, na conservação de alimentos, na produção de remédios e perfumes.

Especiaria: condimentos e ervas aromáticas.

As rotas marítimas de Vasco da Gama e Pedro Álvares Cabral

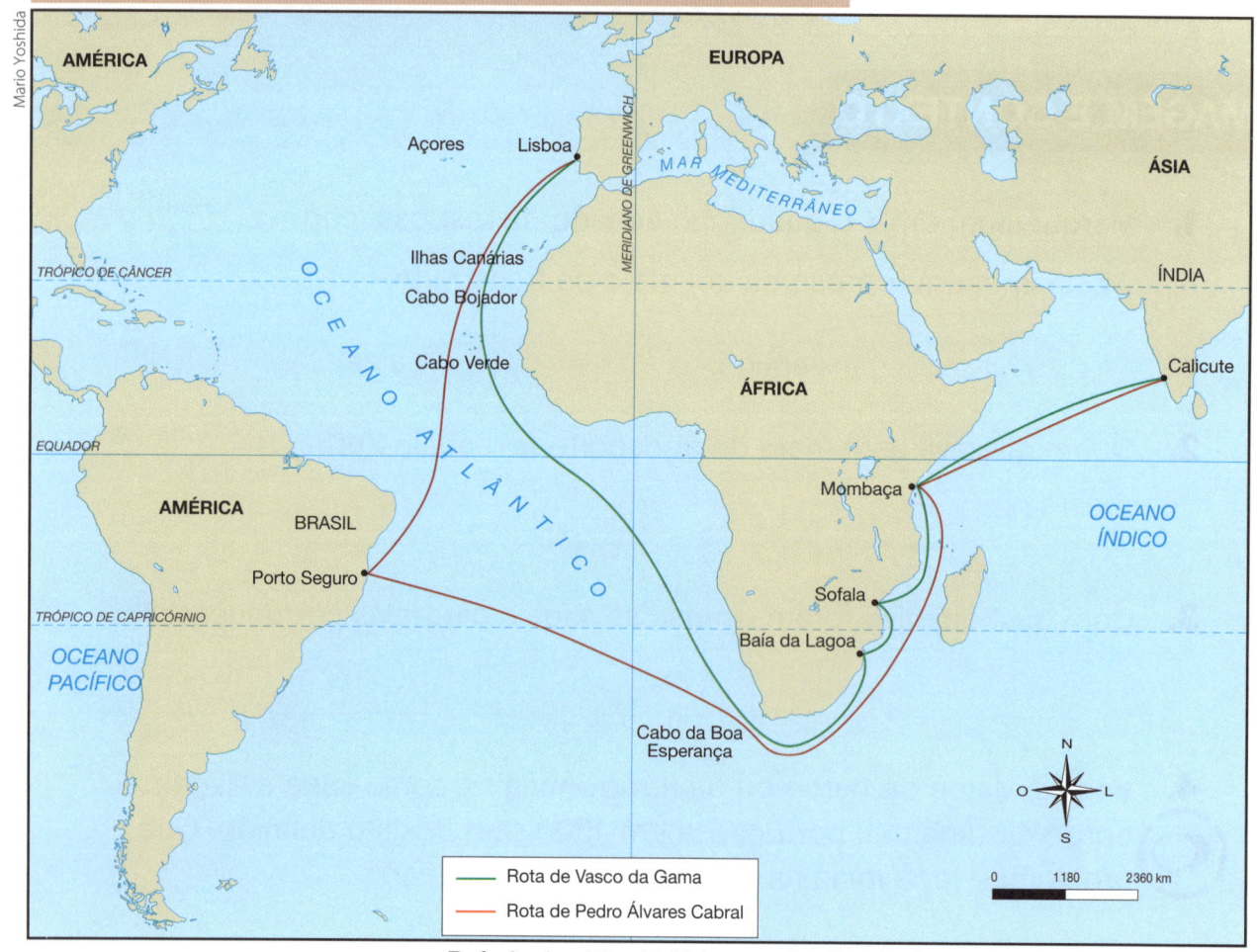

Referência: *Atlas histórico escolar*. Rio de Janeiro: FAE, 1991. p. 112-113.

44

O plano de Portugal era chegar às Índias pelo oceano Atlântico e contornar o sul da África para abrir um caminho marítimo para esse lucrativo comércio. Em 1498, o navegador português Vasco da Gama conseguiu chegar ao Oriente. Depois disso, os rumos do comércio e da navegação no mundo começaram a mudar.

1. Hoje em dia o que valeria a pena ir buscar em terras muito distantes? Converse com os colegas e o professor.

2. O que motivava os portugueses a se aventurarem por terras e mares desconhecidos?

_____

_____

3. Por que as especiarias eram tão valorizadas e tão importantes na culinária há 500 anos?

_____

_____

4. Observe as imagens das especiarias. Coloque no quadrinho ao lado de cada uma a letra da legenda correspondente.

A: canela em pau

B: cravo

C: gengibre

D: pimenta-malagueta

E: noz-moscada

45

Como eram as viagens

As viagens marítimas nesse período eram muito perigosas e arriscadas. Duravam meses, e era comum parte dos tripulantes morrerem de fome e de doenças como o escorbuto ou em naufrágios.

As pessoas tinham medo. Acreditavam que a Terra era plana e, portanto, terminava em um abismo. O oceano Atlântico era tido como mar tenebroso e habitado por monstros marinhos.

Leia este trecho.

Xilogravura de autor desconhecido, de 1575, representando o peixe voador que teria sido visto pelo frei André Thevet, no oceano Atlântico.

> Tempestades, ondas, correntes marítimas e ventos contrários eram grandes perigos. Mas o pior deles era a duração da viagem, meses a fio sem ver terra.
> (...)
> As condições de vida nas caravelas eram muito difíceis: pouca comida e pouca água, falta de higiene, doenças e morte. (...)
>
> *A chegada à América*. Disponível em: <www.bibvirt.futuro.usp.br/content/download/5687/44091/file>.
> Acesso em: setembro de 2007.

Instrumentos que facilitaram a navegação

Para realizar as viagens pelos mares, os portugueses contavam com o conhecimento e a técnica. Inovações tecnológicas como a **bússola** e o **astrolábio** eram os principais instrumentos de navegação da época. A **caravela**, um tipo de embarcação mais leve e veloz que utilizava a força dos ventos, também foi fundamental no domínio dos mares.

A dura vida nas embarcações

Nas embarcações eram transportadas muitas pessoas, além de animais vivos que eram destinados à alimentação. Todos espremidos no mesmo espaço, durante meses sem avistar terra firme e sem instrumentos de comunicação a distância.

A tripulação era composta de marinheiros, funcionários reais, padres, médicos, comerciantes e aventureiros. Havia também grumetes, meninos que tinham entre 9 e 15 anos de idade e que trabalhavam pesado: limpavam os porões e costuravam as velas, que se rasgavam o tempo todo.

1. Que perigos enfrentavam os navegadores no século XVI?

_____

2. Relacione a causa com a consequência.

Causa	Consequência
A alimentação precária e a deficiência de vitamina C.	Medo de cair em um abismo.
A crença de que a Terra era plana.	Maior segurança nas navegações e viagens marítimas mais longas.
As inovações tecnológicas, como a bússola, o astrolábio e a caravela.	Doenças como o escorbuto.

3. Assim como os grandes navegadores do século XVI se aventuravam a desbravar os mares, hoje o ser humano busca desvendar o universo.

a) Quem são os grandes aventureiros de nosso tempo?

_____

b) Aponte uma semelhança entre eles e os navegadores do passado.

_____

c) Você já participou de alguma aventura? Relate como foi para os colegas e o professor.

Gente que faz!

Ler para saber

Uma das maneiras de conhecer como eram as viagens no tempo das caravelas e das naus é ler o relato de navegadores, como os portugueses Vasco da Gama e Pedro Álvares Cabral. Eles deixaram registros detalhados em seus diários de bordo. Leia o relato da viagem de Vasco da Gama, que depois de dez meses no mar chegou a Calicute, na Índia, e abriu uma nova rota entre a Europa e o Oriente.

No sábado, 8 de julho (de 1497), partimos do porto do Restelo, para seguir nosso caminho – rogando que Deus Nosso Senhor nos deixasse acabar a missão em Seu Serviço.

No sábado seguinte, avistamos as Canárias. (...) Ao anoitecer, continuamos viagem pelo rio do Ouro.

A cerração foi tão intensa nesta noite que Paulo da Gama se perdeu de toda a frota (...). Estava combinado que quem se perdesse deveria seguir em direção às ilhas do Cabo Verde. Foi o que fizemos.

No domingo, 23 de julho, avistamos ao amanhecer a ilha do Sal e logo daí a uma hora vimos três navios. (...) Eles também haviam-se perdido do capitão-mor.

Seguimos juntos nossa rota até que nos faltou o vento. Andamos em calmaria até a quarta-feira pela manhã.

Álvaro Velho. *O descobrimento das Índias — O diário de Vasco da Gama.* Rio de Janeiro: Objetiva, 1998. p. 41.

Xilogravura de José Veloso Salgado, de cerca de 1890, representa Vasco da Gama entregando ao governante de Calicute uma carta do rei de Portugal, ao chegar à Índia em 1498.

1. Segundo o texto, de onde partiu a frota de Vasco da Gama e qual era o seu destino?

_____

2. O que aconteceu com a frota durante a viagem?

_____

_____

3. De acordo com o texto, quanto tempo durou a viagem?

_____

4. Imagine que somente uma nau carregasse os mantimentos e tivesse se perdido. O que teria acontecido?

_____

_____

5. Escreva um relato de uma viagem que você fez. Leia-o para os colegas.

_____

_____

_____

_____

_____

_____

_____

_____

CAPÍTULO 2

Terra à vista

Pindorama é uma palavra indígena que significa "Terra das Palmeiras". Era dessa forma que os indígenas chamavam o Brasil.

No dia 22 de abril os portugueses chegaram ao Brasil. Nessa data, as treze caravelas da frota de Pedro Álvares Cabral atracaram em Porto Seguro, no atual estado da Bahia, depois de 44 dias de viagem. Isso aconteceu em 1500.

O comandante Cabral estava a serviço do rei de Portugal, dom Manuel, a caminho das Índias, onde ia buscar especiarias. Ao aportar em Pindorama, tomou posse da terra encontrada por eles, que passou a ser chamada Vera Cruz.

Primeiros moradores portugueses

Durante os primeiros anos após a chegada de Cabral, o governo português não teve interesse em fixar moradores na terra encontrada.

Os comerciantes portugueses vinham buscar pau-brasil e mantinham uma relação amistosa com os indígenas. Em troca de alimentos e da ajuda na retirada do pau-brasil, os portugueses ofereciam a eles facas, pentes, miçangas, espelhos, ferramentas e tecidos.

Em 1530, Martim Afonso de Sousa trouxe algumas famílias para iniciar a colonização da terra. De acordo com as ordens que recebeu do rei de Portugal, ele fundou a Vila de São Vicente em 1532, no atual estado de São Paulo.

Desembarque de Martim Afonso de Sousa, no futuro local da vila de São Vicente, em 1532, obra de Benedito Calixto de 1900.

As capitanias hereditárias

Em 1536, para garantir o controle, iniciar a exploração e incrementar o povoamento do território encontrado por Cabral, o governo português decidiu implantar nas terras brasileiras o sistema das **capitanias hereditárias**.

> Uma **capitania** era uma larga faixa horizontal de terra, que foi concedida a homens de confiança do rei de Portugal. Quem recebia a concessão era chamado de **donatário** e deveria explorar a terra com recursos próprios, tendo o direito de deixá-la de herança.

O território do Brasil foi dividido em 15 capitanias hereditárias.

Capitanias hereditárias, século XVI

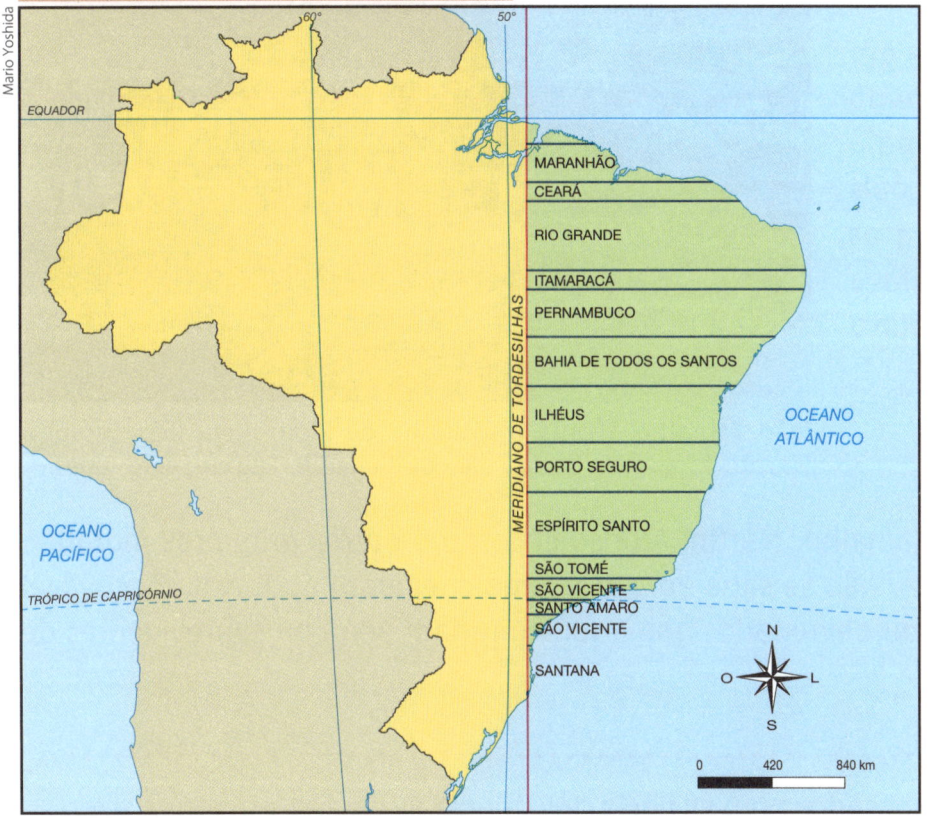

Referência: Manuel Maurício de Albuquerque e outros. *Atlas histórico escolar*. Rio de Janeiro: MEC, 1991.

1. Compare este mapa com um mapa atual do Brasil.
- Converse com os colegas: o estado em que você mora fazia parte de alguma capitania? Qual delas?

2. Por que o governo português dividiu o Brasil em capitanias?

A história de João Ramalho

João Ramalho é considerado o primeiro morador português da antiga capitania de São Vicente. Em 1532, quando a expedição de Martim Afonso de Sousa chegou a essas terras, encontrou João Ramalho vivendo em harmonia com os indígenas. Ele era casado com a filha de um importante chefe indígena.

João Ramalho teve um papel muito importante no relacionamento entre indígenas e portugueses, pois ele se comunicava com os dois grupos e isso facilitava a troca de ideias e evitava conflitos.

João Ramalho aponta o caminho de Piratininga (São Paulo) a Martim Afonso de Sousa, óleo de Benedito Calixto, sem data.

Assim como João Ramalho, Martim Afonso encontrou outros primeiros moradores europeus na Colônia. Não se sabe ao certo como chegaram ao Brasil. É provável que fossem desertores ou degredados que aqui cumpriam pena ou sobreviventes de naufrágios.

> (...) Vários estavam casados com as filhas dos principais chefes indígenas, exerciam papel preponderante na tribo, conheciam suas trilhas, usos e costumes, e intermediavam as negociações entre várias nações indígenas e os representantes de potências europeias.
>
> Eduardo Bueno. *Náufragos, traficantes e degredados*. Rio de Janeiro: Objetiva, 1998. p. 7.

As trilhas indígenas: o Peabiru

As trilhas indígenas foram muito usadas pelos europeus que buscavam riquezas no território encontrado.

Uma delas é a chamada Caminho do Peabiru, que unia diversas regiões do Brasil e se ramificava em várias direções. Tinha no total cerca de 4 mil quilômetros de extensão e ligava os oceanos Atlântico e Pacífico.

O ponto mais importante desse caminho eram as minas de prata de Potosí, na Bolívia, que atraía aventureiros de todo o mundo. Supõe-se que até aí ele tenha sido aberto pelos Guarani e se ligava a outros caminhos desbravados pelos incas do Peru, que levavam até o Pacífico.

Trecho do caminho do Peabiru

Fonte: Elaborado pelos autores.

O mapa mostra o trecho que ligava as ramificações da trilha de Assunção, no Paraguai, até os arredores da atual Florianópolis, em Santa Catarina, Cananeia e São Vicente, no estado de São Paulo.

Inca: povo que viveu na América do Sul antes da chegada dos espanhóis.

Trechos remanescentes do caminho foram redescobertos na década de 1970 e a Universidade Federal do Paraná vem trabalhando para torná-los uma atração turística.

1. De que forma os indígenas se deslocavam pelo território brasileiro?

_____

_____

2. Preencha a ficha com os dados sobre a trilha do Peabiru.

○ Ponto mais importante: _____

○ Extensão da trilha: _____

Importância da trilha: _____

53

Rede de Ideias

ORGANIZAR

1. Observe as imagens e preencha as duas listas.

Bússola do século XVI.

Astrolábio do século XVI.

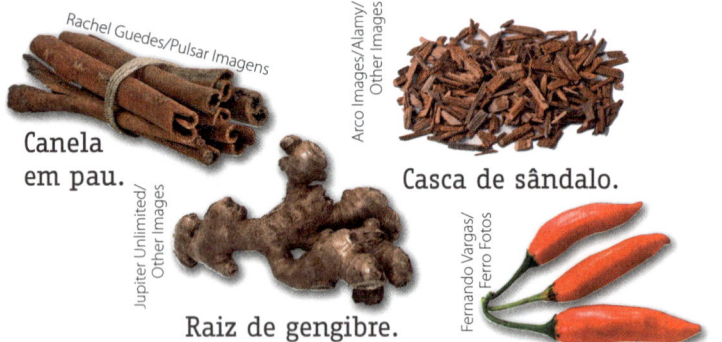

Canela em pau.

Raiz de gengibre.

Casca de sândalo.

Pimenta-malagueta.

Especiarias	Instrumentos de navegação

2. Marque um **X** nos quadrinhos ao lado das afirmações que se referem à viagem de Pedro Álvares Cabral.

☐ Partiu de Portugal, em 1500, com uma esquadra de 13 embarcações.

☐ Seu destino final era a região das Índias.

☐ Abriu um novo caminho para as Índias contornando o sul da África.

☐ No dia 22 de abril, após 44 dias de viagem, aportou na região onde hoje fica o estado da Bahia.

3. Observe o mapa da página 44. O que aconteceu de diferente na viagem de Pedro Álvares Cabral em relação à de Vasco da Gama?

_____

_____

4. Copie as frases corrigindo as palavras destacadas para torná-las verdadeiras.

a) O sistema de capitanias hereditárias foi implantado **nas Índias** para explorar e povoar o território.

_____

_____

b) Uma capitania era uma faixa territorial **vendida** pelo rei de Portugal.

_____

_____

c) Os donatários das capitanias hereditárias eram **náufragos e degredados** que tinham recursos para explorá-la.

_____

_____

d) Vasco da Gama foi um navegador **italiano** que contornou o sul da **China** para chegar às Índias.

_____

_____

5. Os navegadores do século XV acreditavam que o mar era repleto de monstros marinhos.

a) Use a sua criatividade e desenhe como você imagina um mar "tenebroso".

b) Exponha o seu desenho na sala de aula junto com os de seus colegas.

55

REFLETIR

6. Podemos dizer que o Brasil foi realmente "descoberto" pelos portugueses? Leia a letra da música e depois converse com os colegas.

Pindorama

Pindorama, Pindorama
É o Brasil antes de Cabral
Pindorama, Pindorama
É tão longe de Portugal
Fica além, muito além
Do encontro do mar com o céu
Fica além, muito além
Dos domínios de Dom Manuel

Vera Cruz, Vera Cruz
Quem achou foi Portugal
Vera Cruz, Vera Cruz
Atrás do Monte Pascoal
Bem ali, Cabral viu
Dia 22 de abril
Não só viu, descobriu
Toda a terra do Brasil (...)

Do livro-CD de Sandra Peres e Luiz Tatit. *Pindorama.* São Paulo: Cosac & Naify, 2003.

7. A maneira de se deslocar hoje pelo território brasileiro é igual ou diferente do tempo das trilhas indígenas? Aponte semelhanças e diferenças.

_____
_____
_____
_____
_____

8. Releia o texto de Eduardo Bueno da página 52 e explique por que os primeiros homens brancos europeus que vieram para o Brasil foram importantes para a exploração do nosso território.

_____
_____

9. Converse com os colegas e investiguem o nome de uma via de comunicação importante na região onde vocês moram.

a) Qual é o nome dela?

b) Onde ela se localiza?

c) Quanto tem de extensão?

d) Qual é a sua função?

e) Por que ela é importante?

AMPLIAR

10. Leia o texto.

Em 1984, Vilfredo e Heloísa abandonaram casa, carro, trabalho, escola e o conforto da vida em terra firme. Partiram de Florianópolis (SC) com os filhos, à época com 7, 10 e 15 anos de idade, com o objetivo de realizar um sonho: dar a volta ao mundo a bordo de um veleiro.

Em sua primeira grande aventura, os Schürmann passaram dez anos no mar. Eles navegaram pelo mundo e conheceram povos e culturas exóticas.

Vilfredo pilotando o Aysso, o veleiro da família Schürmann.

- Que pergunta você gostaria de fazer para a família Schürmann? Escolha um membro dessa família e escreva sua pergunta.

_____

_____

UNIDADE 4

Invasões estrangeiras no Brasil

Mapa Terra Brasilis, do *Atlas Miller*, de cerca de 1519, atribuída a Lopo Homem.

IMAGEM E CONTEXTO

1. O que representa esta imagem?

_____

_____

2. Este mapa parece uma representação atual? Justifique sua resposta.

_____

_____

3. Além dos indígenas, escreva o que mais aparece na imagem.

_____

4. Na sua opinião, por que tantas caravelas estariam na costa brasileira? Converse com os colegas e o professor.

CAPÍTULO 1

O Tratado de Tordesilhas

Em 1492, ainda antes de os portugueses chegarem ao Brasil, o navegante genovês Cristóvão Colombo chegou ao continente americano, o Novo Mundo, em viagem financiada pelo governo da Espanha.

A notícia dessa façanha espalhou-se pela Europa e deixou muito preocupado o governo português, que também tinha interesse nas terras descobertas. Nesse período, Espanha e Portugal eram as duas maiores potências marítimas europeias e começaram a concorrer entre si pelas novas terras.

Para acabar com as disputas entre os dois reinos, o papa Alexandre VI propôs um tratado. Após muita discussão, foi assinado em 1494 o **Tratado de Tordesilhas**.

> O **Tratado de Tordesilhas** dividia o mundo a partir do meridiano que passava 370 léguas a oeste do arquipélago de Cabo Verde. As terras a leste desse meridiano pertenceriam a Portugal; enquanto as terras a oeste pertenceriam à Espanha.

Esse tratado atraiu o interesse de outros países, como a França, a Holanda e a Inglaterra, que tinham ficado excluídos da partilha. Esses países então começaram a promover expedições e ataques ao litoral brasileiro, na tentativa de conquistar uma parte desse território ou suas riquezas.

Esquema da linha de demarcação por Alexandre VI, 1494. In: José Carlos de Macedo Soares. *Fronteiras do Brasil no regime colonial*. Rio de Janeiro: José Olympio, 1939. Mapa representando o Tratado de Tordesilhas. Com esse tratado, Portugal assegurou o seu domínio sobre o litoral do Brasil, que oficialmente ainda não tinha sido "descoberto".

1. A quem pertenciam as terras que atualmente formam o Brasil? Observe a imagem do mapa do Tratado de Tordesilhas e assinale a resposta correta:

☐ Portugal   ☐ Inglaterra   ☐ Espanha   ☐ Portugal e Espanha

2. A partilha das terras do Novo Mundo entre portugueses e espanhóis gerou muitas lutas e guerras. Explique essa afirmação.

_____

_____

3. Leia o texto e observe o mapa. Segundo o Tratado de Tordesilhas, as terras do estado onde você vive pertenciam a Portugal ou à Espanha?

_____

> A linha do Tratado de Tordesilhas passava pelas atuais cidades de Belém, no Pará, e Laguna, em Santa Catarina. Na prática, esse tratado não foi respeitado por portugueses e colonos, que avançaram em direção ao interior, ocupando a parte do território que pertencia à Espanha.

Brasil: político

Fonte: Leda Isola e Vera Caldini. *Atlas geográfico Saraiva*. São Paulo: Saraiva, 2005. p. 8.

61

Piratas e corsários no litoral brasileiro

A notícia da descoberta da América (1492) e do Brasil (1500) logo se espalhou e atraiu viajantes e aventureiros de toda a Europa. Todos queriam desbravar uma terra desconhecida para encontrar ouro e mercadorias valiosas.

O ataque de piratas e corsários europeus era corriqueiro na costa do território recém-descoberto. Vinham em busca de ouro, de pau-brasil e de alimentos, e invadiam as vilas e povoados do litoral.

Pirata: ladrão do mar que não respeita leis de nenhum país nem acordos internacionais.
Corsário: navegador particular autorizado pelo seu governo a roubar a carga de embarcações inimigas.

Fortes e fortificações protegem a costa

No século XVI, um dos corsários mais famosos foi o inglês Thomas Cavendish. No ano de 1586, saqueou e pilhou a costa brasileira durante 50 dias. Cinco anos mais tarde ele repetiu a ação e chegou a atear fogo na Vila de São Vicente. A população apavorada se refugiava no alto dos morros ou em grutas.

Esses ataques constantes à desprotegida população costeira estimularam a construção de fortificações para proteger as vilas e os povoados. A Fortaleza de Santo Amaro, por exemplo, localizada na entrada do canal de Santos, foi construída em 1584, logo após o ataque de outro pirata inglês.

Fortaleza de Santo Amaro da Barra Grande, em Santos, estado de São Paulo, 2008, em primeiro plano à direita.

Forte de Itapema, construído no final do século XVI, no atual distrito de Vicente de Carvalho, Guarujá.

Forte de São João, construído em 1532 por Martim Afonso de Sousa, na barra de Bertioga.

Fortalezas do litoral sul no século XVI

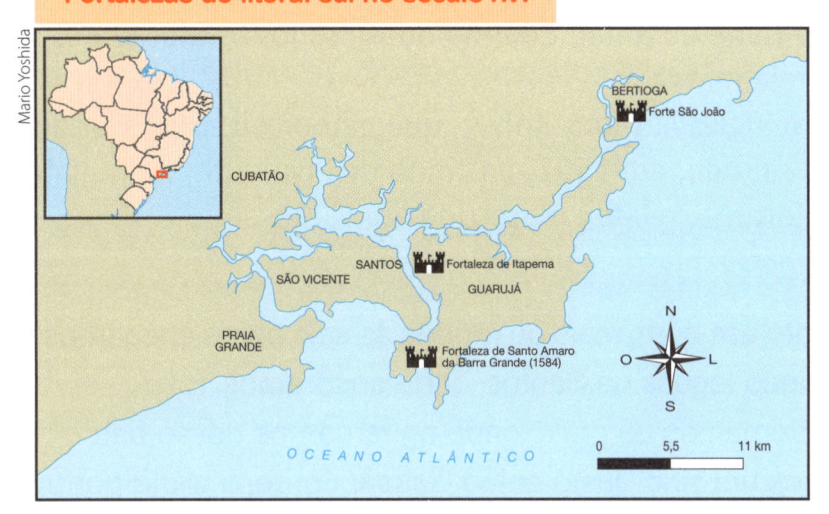

1. Por que os ataques de piratas e corsários aconteciam no litoral do Brasil?

_____
_____

2. O que buscavam os piratas e corsários na América?

_____

3. Por causa dos constantes ataques às vilas e povoados algumas medidas de proteção foram tomadas. Cite uma delas.

_____

4. Os corsários eram navegadores autorizados pelos governos a saquear e roubar a carga dos navios inimigos. Hoje em dia existe a pirataria de produtos. Converse com os colegas a esse respeito e façam uma comparação.

63

Gente que faz!

Corsários e aventureiros no litoral sul do Brasil

O relato de aventureiros e piratas que atacaram o litoral do Brasil ajuda a entender como viviam essas pessoas e quais eram suas estratégias de pilhagem.

O famoso corsário inglês Thomas Cavendish atacou o litoral santista em duas ocasiões entre 1588 e 1591. Numa delas, aportou primeiro em Cabo Frio, no atual estado do Rio de Janeiro, onde se apossou de um navio português e de seu comandante, que passou a servir de piloto no navio pirata. Logo em seguida, atacou de surpresa a vila de Santos (SP) na noite de Natal, quando quase todos os moradores se encontravam no interior da igreja matriz.

O aventureiro inglês Anthony Knivet, que embarcou com Cavendish em uma viagem ao redor do mundo, em 1591, partindo de Plymouth, na Inglaterra, com o objetivo de buscar fortuna, relatou o ocorrido em Santos.

> Como o vento era bom, mais ou menos às seis horas chegamos à ilha de São Sebastião, a cinco léguas de Santos, onde ancoramos. (...)
>
> (...) nos aproximamos da praia, onde aguardamos nosso barco por uma hora, até que ouvimos um sino. Justo então Gaspar Jorge, o piloto português, contou-nos que aquele era o momento certo para desembarcar pois, pelo tocar do sino, estavam todos na metade da sua missa. (...) desembarcamos e marchamos até a igreja, onde tomamos todas as espadas sem resistência. (...) Na vila havia um bom estoque de alimentos, doces cristalizados, açúcar e farinha de mandioca, com a qual fizemos ótimo pão. Na igreja havia trezentos homens, além de mulheres e crianças. Tão logo saqueamos a vila e posicionamos nossos homens, mandamos notícias ao capitão-mor sobre tudo o que havia sido feito. Depois que o capitão-mor nos enviou a resposta, (...) nos fortificamos na cidade (...).
>
> Anthony Knivet.
> *As incríveis aventuras e estranhos infortúnios de Anthony Knivet.*
> Rio de Janeiro: Jorge Zahar, 2007. p. 39-42.

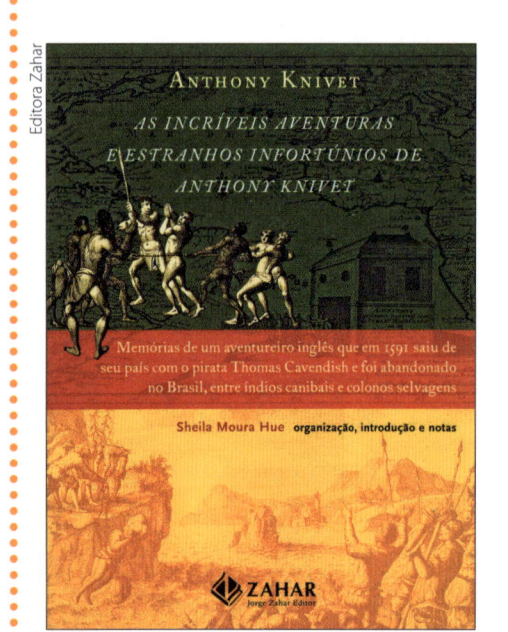

Em seu livro, escrito em 1625, Knivet relatou ter sido, depois, abandonado por Cavendish e aprisionado pelos portugueses da capitania de São Vicente, onde permaneceu por dez anos. Nesse período, ele conviveu com os indígenas e assimilou seus hábitos. Ele relatou, ainda, as atrocidades e o genocídio dos Tamoio cometidos pelos portugueses. Esse grupo indígena, que foi extinto, mostrou-se bastante hostil à presença dos portugueses nas terras que habitavam.

Genocídio: destruição de populações ou povos.

1. Preencha a tabela com as informações do texto.

Objetivo da viagem	
Quem participou da viagem	
Quando partiram	
De onde partiram	
Onde ancoraram	
Quem está narrando a história do ataque à vila de Santos?	

2. Faça a conta e descubra: há quanto tempo aconteceu essa história?

_____

3. Escreva cada um dos fatos relatados pelo pirata na sequência em que ocorreram. Em seguida, leia para um colega e ouça a leitura dele para verificar se todos os fatos foram relatados na mesma sequência.

_____
_____
_____
_____

CAPÍTULO 2

Franceses e holandeses no Brasil

Entre os povos europeus que não aceitaram o Tratado de Tordesilhas estavam os franceses. Eles defendiam o direito à posse da terra para quem a ocupasse, e fizeram várias incursões no litoral brasileiro. Seu objetivo era negociar o pau-brasil com as tribos indígenas com as quais fizeram alianças.

A primeira expedição francesa ao Brasil foi a do capitão Goneville, que chegou ao litoral de Santa Catarina em 1504. Além dessa, houve duas tentativas de estabelecer colônias francesas no nosso território: em 1555, no Rio de Janeiro e, em 1612, no Maranhão.

Em 1555 os franceses aportaram na baía de Guanabara (Rio de Janeiro) e se fixaram na ilha então chamada de Sirijipe, onde organizaram um arraial (pequeno povoado) e construíram um forte chamado Coligny. Queriam garantir a exploração do pau-brasil no litoral e conseguir um espaço onde os franceses protestantes pudessem praticar sua religião livremente. Para facilitar a colonização, eles se aliaram aos indígenas tupiniquins e tupinambás, que eram inimigos dos portugueses.

Chegada de Villegaignon ao Rio de Janeiro, em 10 de novembro de 1555.

Vista atual da ilha de Villegaignon, hoje ocupada pela Escola Naval da Marinha do Brasil. A ilha era chamada pelos indígenas de Sirijipe. O seu nome atual é uma homenagem ao almirante Nicolas Villegaignon, que a ocupou em 1555, quando tentou estabelecer a França Antártica.

A expulsão dos franceses do Rio de Janeiro

Durante alguns anos, a baía de Guanabara foi disputada à força pelos perós e mairs. Os indígenas chamavam os portugueses de perós e os franceses, de mairs. Em 1567, pouco mais de dez anos depois da chegada dos franceses, os portugueses conseguiram expulsá-los dessa região.

Durante esse período de disputas, os portugueses fundaram, em março de 1565, a cidade de São Sebastião do Rio de Janeiro. Mais tarde ela viria a ser a capital e uma das mais importantes cidades do Brasil.

Detalhe de gravura de Théodore de Bry de 1590 que representa um ataque dos portugueses a corsários franceses na cidade do Rio de Janeiro.

1. Preencha a ficha sobre os conflitos relatados no texto.

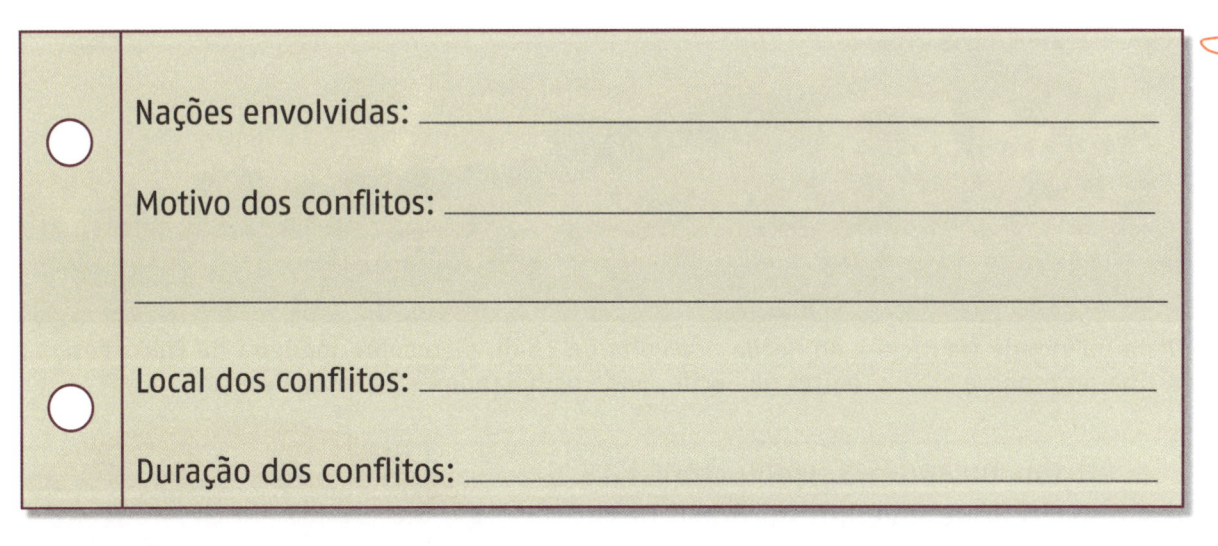

Nações envolvidas: _____

Motivo dos conflitos: _____
_____

Local dos conflitos: _____

Duração dos conflitos: _____

2. A atual capital do Maranhão foi fundada pelos franceses em uma nova tentativa de ocupação em 1594. Qual é o nome da cidade fundada por eles nessa ocasião?

_____

Os holandeses invadem o Brasil

Os holandeses invadiram o Brasil duas vezes. Na primeira, em 1624, ocuparam a cidade de Salvador por um ano. Na segunda vez, em 1630, estabeleceram-se em Pernambuco e dominaram quase todo o Nordeste brasileiro durante 24 anos.

Nesse período, a capitania de Pernambuco tinha a mais rica e cobiçada produção de açúcar do mundo. Daí o interesse dos holandeses em invadi-la e controlar o comércio dessa importante mercadoria.

No ano de 1637, aportou em Recife, Pernambuco, o conde Maurício de Nassau. Sua missão era governar e consolidar o domínio holandês no Brasil. Nassau não veio sozinho, trouxe consigo uma comitiva de homens ilustres, que ajudaram a transformar e a modernizar a cidade de Recife construindo pontes, jardins, palácios e até fundando uma cidade chamada Maurícia.

Vista da cidade Maurícia e do Recife por volta de 1640, óleo sobre madeira de Frans Post, 1653. A ilha ao fundo é o atual bairro do Recife, onde os holandeses se estabeleceram.

Artistas holandeses, como Frans Post e Albert Eckhout, viveram no Brasil nesse período e deixaram uma obra importante, com registros da flora, da fauna, dos hábitos e costumes do Brasil na época do domínio dos holandeses.

Flora: conjunto das espécies vegetais relativas a um meio ambiente ou época específicos.
Fauna: conjunto das espécies animais relativas a um meio ambiente ou época específicos.

1. Compare a obra de Frans Post da página anterior com esta imagem do mesmo artista. Cite uma diferença entre elas.

Desenho a lápis de Frans Post no qual se vê a ponte ligando Recife à Cidade Maurícia. Século XVII.

_____

2. Observe o mapa. Faça uma lista dos lugares atacados pelos holandeses.

Holandeses no Brasil, século XVII

Fonte: www.klepsidra.net/klepsidra3/wicmapa2.jpg>. Acesso em: maio de 2008.

69

REDE DE IDEIAS

ORGANIZAR

1. Escreva a quem corresponde cada uma das frases: **corsários** ou **piratas**.

a) Ladrões que agem por conta própria, ignorando as leis de qualquer país.

_____

b) Navegadores autorizados pelo governo de um país a roubar a carga de navios inimigos.

_____

2. Nesta unidade, você estudou sobre os piratas de antigamente e suas atividades. Hoje, além da pirataria de produtos, ouve-se falar muito de **biopirataria**.

- Reúna-se com colegas e pesquisem sobre a biopirataria. Depois escrevam um texto a respeito e apresentem na sala de aula

3. Complete os dados da ficha sobre o Tratado de Tordesilhas.

> Nações beneficiadas: _____
>
> Continente que foi dividido: _____
>
> Consequências do Tratado: _____
> _____

4. Diferentes produtos eram cobiçados por franceses e holandeses nas suas tentativas de se estabelecerem em território brasileiro. Que produtos eram esses?

_____

5. Observe esta imagem.

a) O que está representado?

_____

b) Por que os povos europeus se interessavam pelo pau-brasil?

_____

Le teinturier en rouge de Nurenberg, manuscrito dos anos 1500 que mostra a preparação de tintura com pigmento de pau-brasil.

6. Frans Post acompanhou Maurício de Nassau e retratou muitos acontecimentos relacionados ao período do domínio holandês no Nordeste.

Pintura de Frans Post que retrata a batalha naval entre as ilhas Itamaracá e Goiana em 1640.

a) Marque com um **X** o quadrinho ao lado da legenda que pode acompanhar esta obra do artista.

☐ São Paulo sendo atacada por uma esquadra italiana no século XIV.

☐ Batalha naval da esquadra francesa para conquista do Rio Grande do Sul.

☐ Esquadra holandesa que atacou o litoral nordestino no século XVII.

b) Observe a imagem e crie outro título para descrevê-la.

_____

71

REFLETIR

7. Os holandeses dominaram o Nordeste brasileiro durante 24 anos. Se eles não tivessem sido expulsos, o Brasil seria igual ou diferente do que é hoje? Explique.

_____

_____

8. Observe as imagens de fortalezas da página 63.

a) Qual delas é a mais antiga? _____

b) De qual delas você gostou mais? Por quê?

_____

_____

9. Na página 67 encontra-se uma reprodução da gravura de Theodore de Bry que representa uma batalha naval entre portugueses e franceses, no século XVI.

• Onde se passa essa cena? Quem venceu o conflito?

_____

10. A imagem é da baía de Guanabara.

a) Essa imagem pertence ao passado ou ao presente? Como você sabe?

_____

_____

b) Compare-a com a da página 66. O que existe de semelhante e de diferente?

_____

_____

AMPLIAR

11. Imagine que você e alguns colegas vão fazer uma viagem de aventura para conhecer uma cidade que tem fortaleza no litoral do Brasil. Vão também se divertir na praia, visitar o centro histórico da cidade e fazer um passeio de barco. Como será essa viagem?

a) Organize-se em grupo com 4 ou 5 colegas.

b) Discutam e completem cada item do roteiro a seguir.

ROTEIRO DE VIAGEM

Fortaleza de _____

Município: _____

Estado: _____ Partida: dia _____ às _____ horas

Meio de transporte: _____

Visita à fortaleza das _____ às _____ horas

Passeio pelo centro histórico das _____ às _____ horas

Almoço das _____ às _____ horas

Praia das _____ às _____ horas

Passeio de barco das _____ às _____ horas

Volta para casa às _____ horas

Não esquecer de levar: _____
_____

Observações: _____
_____

12. Faça uma pesquisa em revistas e na internet de imagens que mostrem influências holandesas na cidade de Recife. Recorte ou imprima uma delas que seja bem representativa dessas influências. Cole-a em uma cartolina, escreva a legenda e exponha na sala de aula.

Convivência

Conhecer e preservar

O pau-brasil era a principal riqueza das terras brasileiras nos primeiros trinta anos da colonização (1500-1530). A frondosa árvore nativa da Mata Atlântica crescia no litoral brasileiro, entre o Rio Grande do Norte e o Rio de Janeiro.

O chamado "pau-de-tinta" era muito valorizado no mercado europeu, pois o pó vermelho retirado da árvore era utilizado para tingir tecidos. Portugueses e franceses brigavam pela exploração do pau-brasil. Todo o trabalho de extração do pau-brasil era feito pelos indígenas, que aproveitavam essa árvore para a confecção de arcos, flechas e para a pintura de objetos. Os europeus tiravam proveito do conhecimento indígena para cortar, aparar, arrastar e carregar os navios que levavam a preciosa mercadoria.

Por causa da intensa exploração do pau-brasil, a árvore nativa que deu nome ao país quase foi extinta. Hoje, o pau-brasil só pode ser encontrado em parques e reservas naturais.

Árvore florida de pau-brasil.

1 Organizem-se em grupos. Pesquisem sobre organizações brasileiras que atuam na preservação do pau-brasil. Descubram como esses movimentos agem e os resultados que conseguiram. Apresentem os dados aos colegas.

2 Qual é a importância desse tipo de trabalho hoje? Converse com os colegas sobre o assunto.

Nós podemos ajudar!

3 No lugar ou na região onde você mora há uma árvore ou outra planta considerada muito importante?
Descubram que árvore ou planta é essa, para que é usada e sua importância para a história da região.

_____
_____
_____
_____

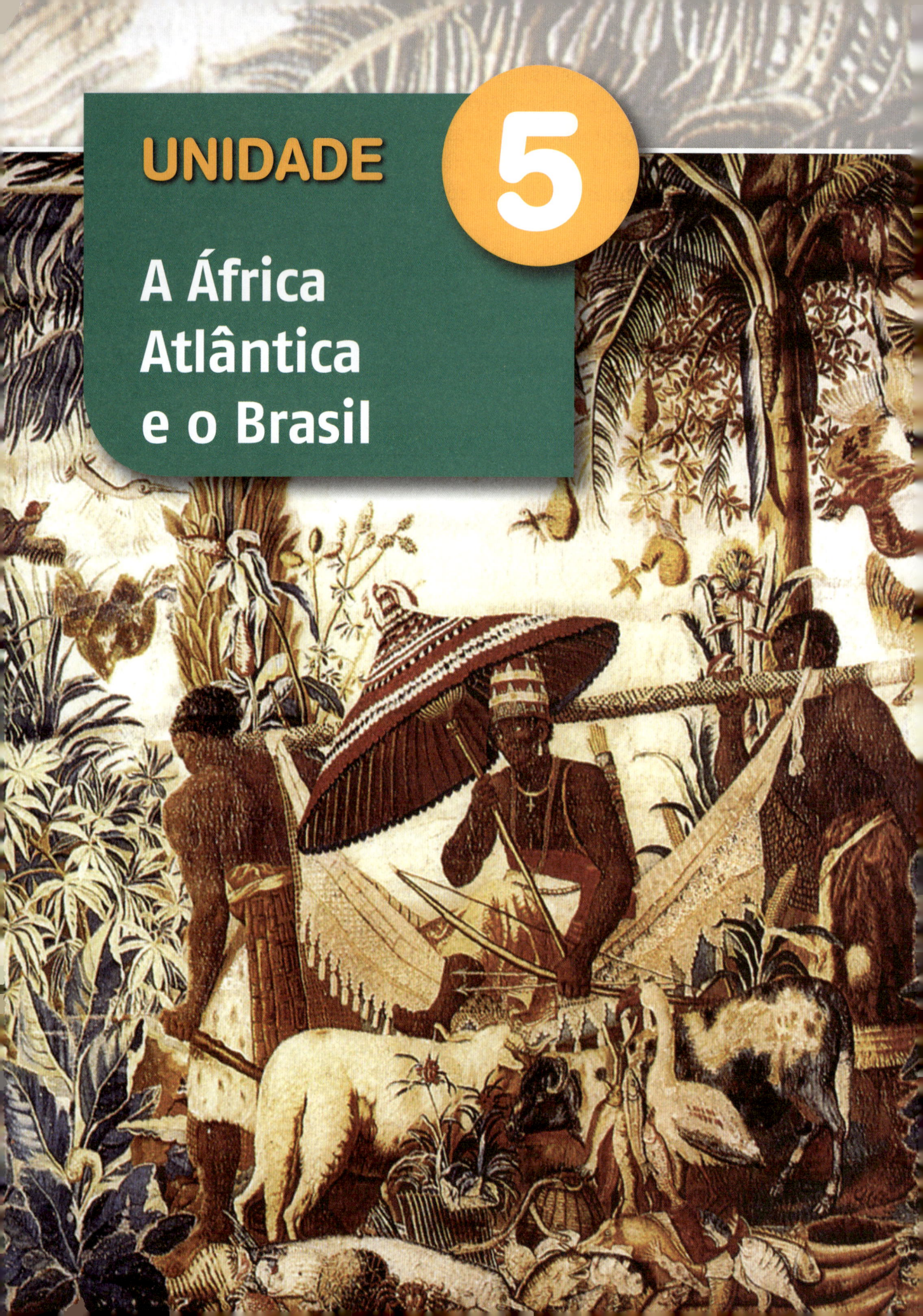

UNIDADE 5

A África Atlântica e o Brasil

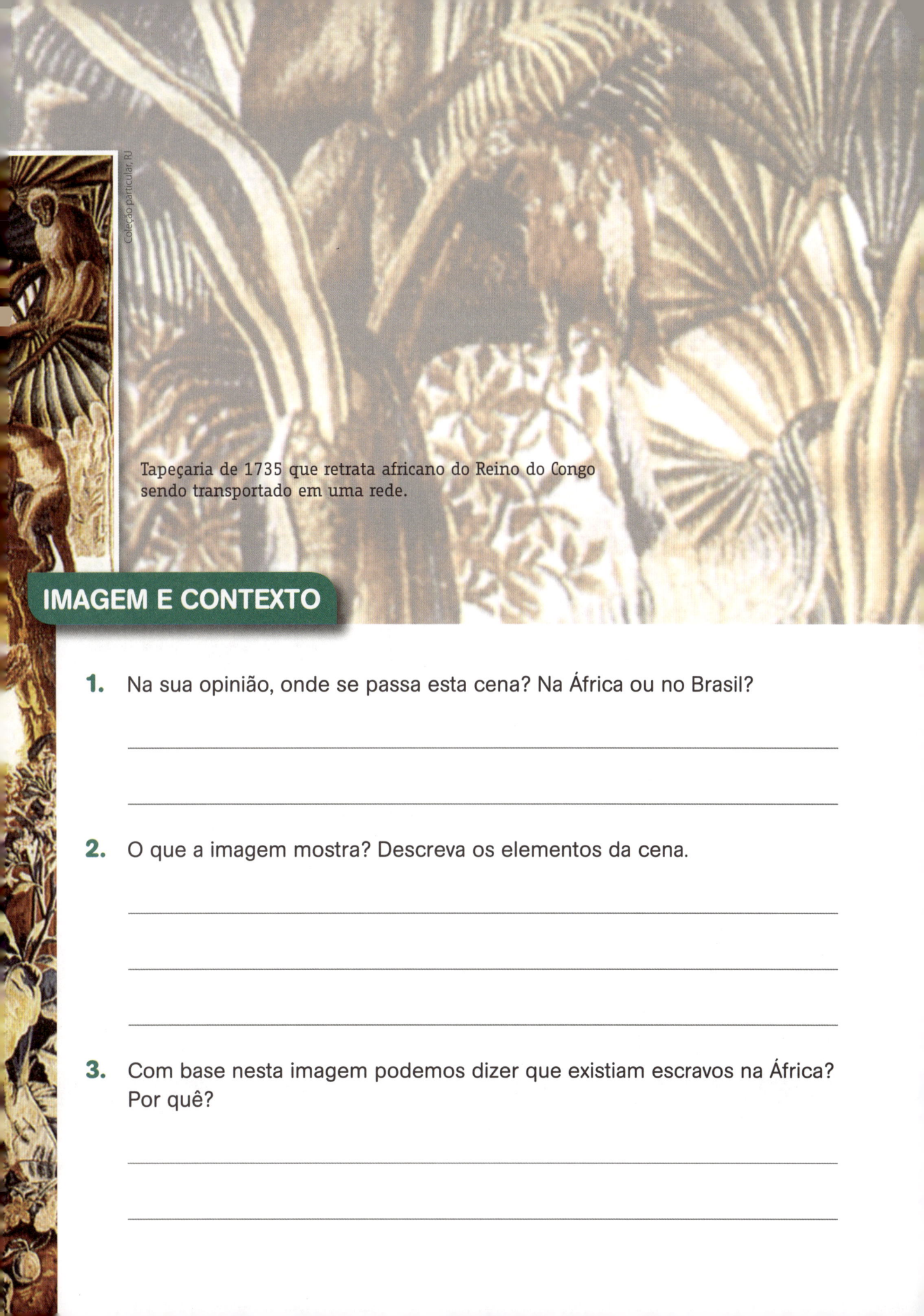

Tapeçaria de 1735 que retrata africano do Reino do Congo sendo transportado em uma rede.

IMAGEM E CONTEXTO

1. Na sua opinião, onde se passa esta cena? Na África ou no Brasil?

_____

_____

2. O que a imagem mostra? Descreva os elementos da cena.

_____

_____

_____

3. Com base nesta imagem podemos dizer que existiam escravos na África? Por quê?

_____

_____

CAPÍTULO 1

Do outro lado do Atlântico

O continente africano é muito grande. Diferentes nações com hábitos, costumes e idiomas distintos povoam seu imenso território. A África possui uma cultura muito rica e diversificada.

Nação: comunidade de pessoas com características, religião e língua comuns.

Tuaregues montados em camelos, em Mali.

Mulheres dançando com roupas tradicionais dos povos Maasai Mara, no Quênia.

Mulheres e crianças Samburu do Quênia.

Reunião popular na ilha Ibo, em Moçambique.

Há mais ou menos 500 anos teve início o tráfico de escravos da África para o continente americano. Africanos de lugares que atualmente correspondem a Cabo Verde, Angola, Sudão, Moçambique e outros atravessaram o oceano Atlântico e chegaram ao Brasil não por vontade própria, mas na condição de escravos.

Durante quase quatro séculos, os escravos trabalharam nos engenhos, nas minas, nas fazendas de café e nas cidades, dentro e fora das casas.

Hoje, o Brasil tem a maior população negra fora da África. Esses africanos trouxeram idiomas, rituais religiosos, culinária, músicas, danças e outros elementos que com o passar do tempo enriqueceram a cultura brasileira.

1. Observe as duas pinturas de Jean-Baptiste Debret.

- Aponte semelhanças e diferenças entre os negros das diversas nações retratados.

Escravas de diferentes nações africanas, litografia de Jean-Baptiste Debret, 1834-1839.

Negros de diferentes nações africanas, litografia de Jean-Baptiste Debret, -1834-1839.

Os portugueses conquistam a África

Há mais de 500 anos, os portugueses chegaram à África. Estavam interessados no comércio de traficantes de ouro, marfim e escravos que existia na costa ocidental da África e que dava muito lucro.

Aos poucos, os portugueses foram conquistando quase toda a costa africana. No começo, eles pretendiam encontrar e controlar a rota das especiarias e do ouro. Mais tarde, passaram a dominar o comércio de escravos.

Principais rotas do tráfico de escravos para o Brasil (séculos XVI-XIX)

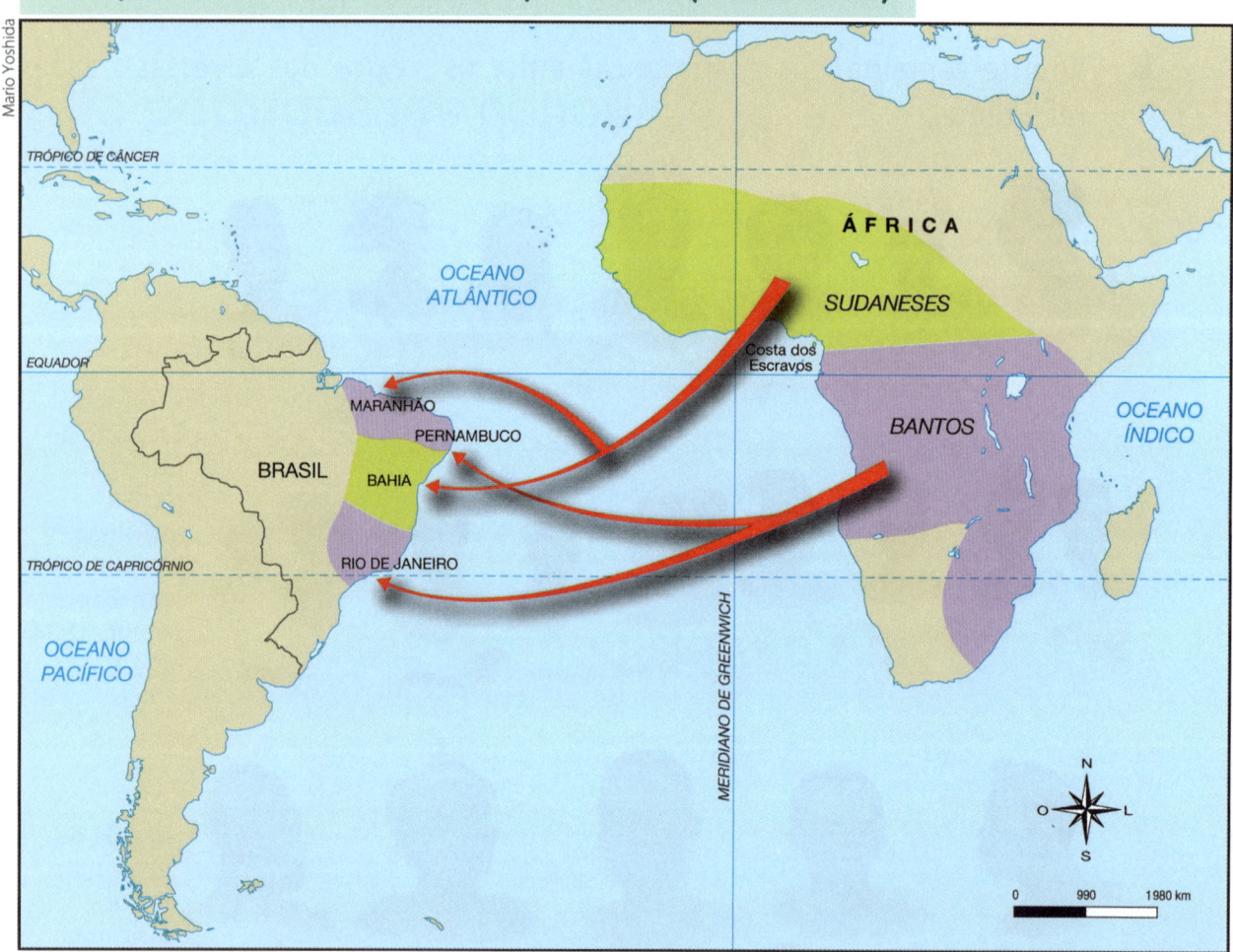

Referência: Manoel Maurício de Albuquerque e outros. *Atlas histórico escolar*. 7. ed. Rio de Janeiro: Fename/MEC, 1980. p. 36.

No Brasil, os portos que mais receberam escravos africanos foram os do Recife, Salvador e mais tarde o do Rio de Janeiro. Quando chegavam ao seu destino, os escravos eram vendidos e passavam a trabalhar para seus senhores.

Entre os séculos XVI e XIX, as principais atividades dos escravos africanos no Brasil foram na produção de açúcar, algodão e cacau, café, na mineração e nos serviços domésticos.

1. Quais os interesses dos portugueses no continente africano?

_____

2. Complete o quadro com a origem dos escravos de cada região do Brasil a partir do mapa que mostra as principais rotas do tráfico negreiro.

Localidade	Origem dos escravos
Pernambuco	
Rio de Janeiro	
Bahia	
Maranhão	

3. Observe a imagem.

Interior de uma casa brasileira, aquarela de Joaquim Cândido Guillobel, de 1814--1816, mostra escravos executando trabalhos domésticos.

a) Quais são os personagens retratados?

_____

_____

b) Qual é a relação entre as pessoas que a obra enfatiza?

_____

81

CAPÍTULO 2

Do lado de cá do Atlântico

Os escravos eram transportados da África até o Brasil em navios negreiros. Esses navios eram especialmente projetados para transportá-los. Eles viajavam em péssimas condições, amontoados no porão, deitados e acorrentados. A travessia durava meses, e os escravos sofriam muito com a alimentação escassa, os maus-tratos, a sujeira e as doenças. Muitos morriam no trajeto.

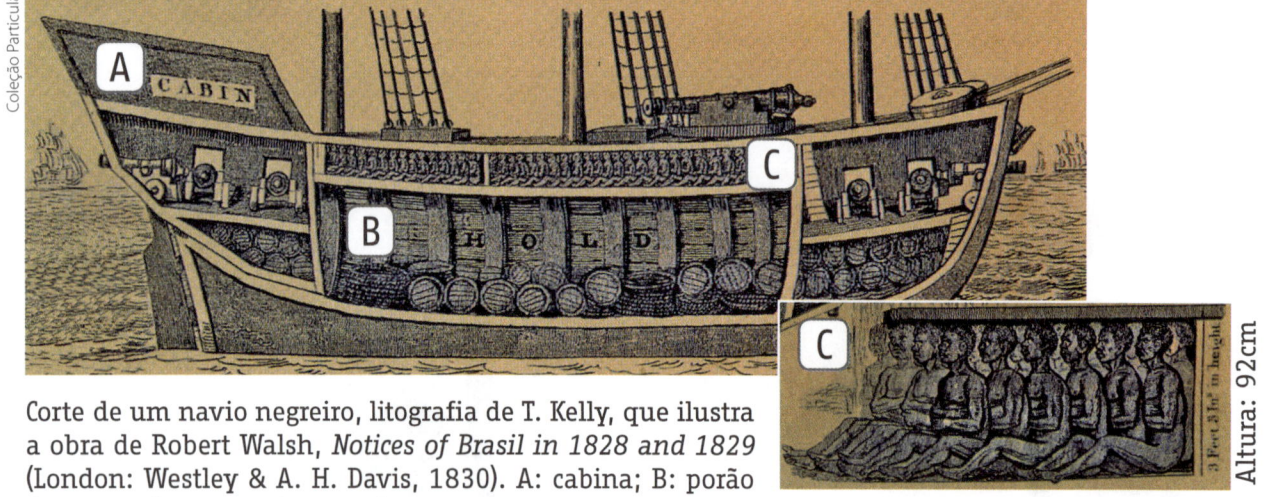

Corte de um navio negreiro, litografia de T. Kelly, que ilustra a obra de Robert Walsh, *Notices of Brasil in 1828 and 1829* (London: Westley & A. H. Davis, 1830). A: cabina; B: porão de carga; C: compartimento dos escravos.

A chegada ao destino

Aqueles que sobreviviam desembarcavam no mercado de escravos, onde aguardavam para ser vendidos. Depois de vendidos, eram encaminhados para as fazendas, onde começavam uma vida de trabalho forçado, no campo ou na cidade, em companhia de outros escravos africanos e também brasileiros.

Habitação de negros, litografia colorida a mão, de Johann Moritz Rugendas, 1834-1839.
Os escravos viviam nas senzalas, que ficavam junto da casa-grande, a sede das fazendas coloniais.

1. Leia este trecho da biografia de Mahommah G. Baquaqua, publicada em 1854, sobre o interior de um navio negreiro.

> "Fomos arremessados, nus, porão adentro, os homens apinhados de um lado e as mulheres do outro. O porão era baixo que não podíamos ficar em pé, éramos obrigados a nos agachar ou a sentar no chão. Noite e dia eram iguais para nós, o sono nos sendo negado devido ao confinamento de nossos corpos. Ficamos desesperados com o sofrimento e a fadiga. Oh! A repugnância e a imundície daquele lugar horrível nunca serão apagadas de minha memória. Não: enquanto a memória mantiver seu posto nesse cérebro distraído, lembrarei daquilo. Meu coração até hoje adoece ao pensar nisto."
>
> Citado em: Wlamyra R. de Albuquerque e Walter Fraga Filho. *Uma história do negro no Brasil*. Disponível em: <www.ceao.ufba.br/livrosevideos/pdf/uma_historia_do_negro_no_brasil_cap02.pdf>. Acesso em: setembro de 2007.

- Qual o tema desse relato? Quem está narrando essa história?

_____

_____

2. Marque um **X** ao lado da legenda que corresponde às duas imagens.

Preto ao Cepo.   *Preto de Máscara.*

Negros com instrumentos destinados ao castigo. Litografias aquareladas de Joaquim Lopes de Barros, de 1840-1841 (à direita) e 1846-1849 (à esquerda).

☐ Os escravos eram amarrados aos pelourinhos e castigados em praças públicas.

☐ Os castigos corporais eram comuns durante a escravidão. O cepo e a máscara eram instrumentos de castigo usados nas fazendas brasileiras.

83

Luta e resistência escrava

Os negros escravizados no Brasil se revoltaram e lutaram muitas vezes contra essa condição. Havia diversas formas de resistência, como o boicote ao trabalho, a fuga e o suicídio.

Outra importante forma de resistência eram os **quilombos**, comunidades formadas por escravos fugidos, situadas em locais de difícil acesso. Ali os ex-escravos procuravam reproduzir as condições de vida que tinham na África. Plantavam e reproduziam hábitos e costumes tradicionais, como a dança e os batuques.

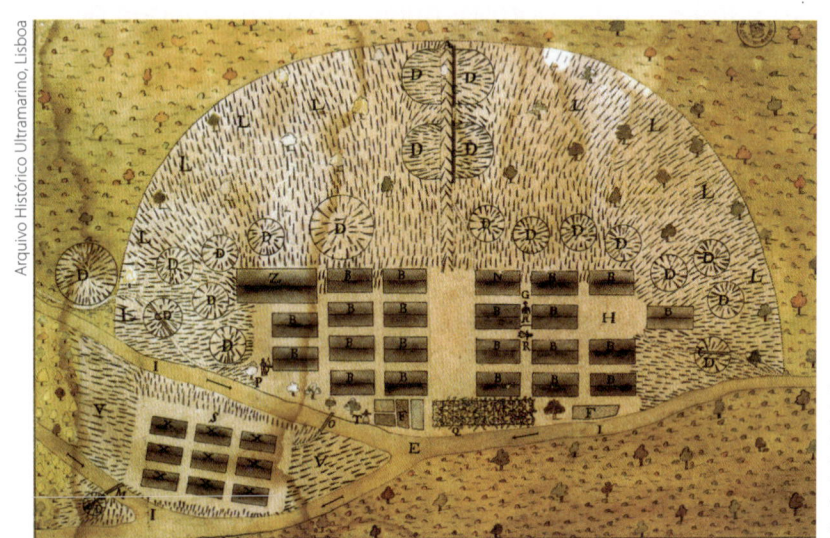

Planta do quilombo chamado Buraco do Tatu, situado em Itapuã, Bahia. Original do acervo do Arquivo Histórico Ultramarino, Lisboa, c. 1764, p. 320.

O Quilombo dos Palmares

A resistência à escravidão tem seu exemplo mais conhecido no Quilombo dos Palmares, que foi uma das maiores comunidades de ex-escravos fugidos das fazendas dos seus antigos senhores.

Situava-se na serra da Barriga, entre os atuais estados de Pernambuco e Alagoas, e chegou a ter cerca de 20 mil habitantes. Era dividido em mocambos (aldeias), que plantavam, criavam animais domésticos e faziam artesanato. O que não era consumido pela comunidade era trocado nos povoados mais próximos.

Foi diversas vezes atacado por tropas enviadas pelos portugueses e pelos holandeses, e resistiu por mais de cem anos até ser destruído em 1695. O líder da resistência nas últimas décadas de existência do quilombo foi Zumbi dos Palmares.

Busto de Zumbi, em Brasília. Zumbi foi o líder mais importante do Quilombo dos Palmares. Ele se tornou símbolo da resistência à escravidão.

1. Quais as principais formas de resistência dos africanos ao trabalho escravo?

_____

2. O professor vai ler o texto com a turma. Trata-se de um anúncio publicado no Rio de Janeiro, em 1857. Acompanhe com atenção.

> Fugio no dia 4 de outubro de 1857, da chacara n. 5 da rua do Marahy, em S. Christovão no Rio de Janeiro um escravo do senador Alencar, de nome Luiz Telles, pardo escuro; tem de 40 annos para cima mal encarado e falta de dentes na frente, tem uma enruga na testa, andar apressado e passadas curtas, finge-se ás vezes doido, tem falla tremula. com vizos de estuporado; é muito ladino e astucioso, anda com cartas dizendo que vae com ellas apadrinhado apresentar-se a seu Sr; inculca-se pedestre algumas veses. Quem o apprehender, e fizer delle entrega aonde possa ser recolhido a cadeia para ser entregue a seo Sr. recebera 40$rs. de gratificação, alem das despesas; cerá tudo pago a quem nesta Tipographia o aprezentar com o competente documento.

Citado em: Mary Del Priore e outros. *Documentos de História do Brasil: de Cabral aos anos 90*. São Paulo: Scipione, 1997.

a) Qual o local e a data da publicação do anúncio?

_____

b) Escreva o que você entendeu da mensagem do anúncio.

_____

_____

_____

c) Você observou palavras com escrita diferente ou significado que você desconhece? Discuta com os colegas e com o professor.

d) Reflita: na sua opinião, por que o anúncio apresenta uma descrição detalhada do escravo fugido?

_____

_____

85

Gente que faz!

Imagens que documentam a História

Uma das maneiras de conhecer o modo de vida, os hábitos e costumes dos escravos é estudar e analisar as pinturas e fotografias feitas por artistas que testemunharam a vida dessas pessoas: o trabalho, os castigos, as danças e as festas.

A maioria desses artistas era estrangeira e vivia em cidades como o Rio de Janeiro e São Paulo no século XIX. Pintores, como Jean-Baptiste Debret e Johann Moritz Rugendas, e fotógrafos, como Victor Frond, Marc Ferrez e Cristiano Júnior, documentaram o cotidiano da escravidão negra no Brasil em quadros e fotografias.

Vendedores ambulantes, Cristiano Júnior. Rio de Janeiro, 1865.

Festa de Nossa Senhora do Rosário, Johann Moritz Rugendas, 1835.

Açoite público. Jean-Baptiste Debret, 1835.

Negros escravos numa fazenda de café, Marc Ferrez, 1885.

86

1. Observe a imagem número 1.

a) Quem é o autor dessa imagem e quando ela foi feita?

_____

b) O que as pessoas retratadas estão fazendo?

_____

c) O que mudou para esse tipo de trabalhador?

_____

_____

2. Leia novamente as legendas das fotografias 1 a 4 e veja o exemplo para completar a tabela.

Imagem	Autor da imagem	Quando foi feita	Quem foi retratado	O que foi retratado
1	Cristiano Júnior	1865	Vendedores ambulantes.	Negros no comércio.
2	Johann Moritz Rugendas			
3	Jean-Baptiste Debret			
4	Marc Ferrez			

3. Com relação às imagens 1 a 4, responda:

a) Quais são as mais antigas? _____

b) Quais mostram o trabalho escravo? _____

c) Qual mostra um dos castigos que os escravos recebiam? _____

d) Qual mostra uma festa religiosa? _____

87

Rede de Ideias

ORGANIZAR

1. Observe a imagem e responda.

   a) Quem são os personagens retratados nesta imagem?

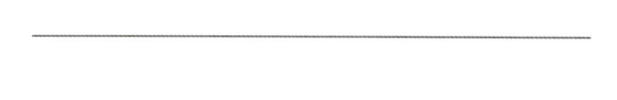

   _____

   _____

   _____

   b) Qual a origem dos prisioneiros?

   _____

2. Descreva as condições de transporte dos africanos para o Brasil.

   a) Meio de transporte utilizado.

   _____

   _____

   b) Acomodações. _____

   _____

   c) Problemas enfrentados.

   _____

Captura de escravos na África por traficantes árabes, cromolitografia de um artista norte-americano, de cerca de 1875.

3. O trabalho escravo foi aproveitado em vários setores do Brasil colonial. Cite três deles.

_____

_____

4. Complete o texto sobre o Quilombo dos Palmares.

Formou-se na serra da Barriga que fica nos atuais Estados de _____ e _____. Sua população era composta principalmente de _____. Um de seus grandes líderes e comandantes foi _____. Durante mais de cem anos esse quilombo resistiu aos ataques das tropas _____ e _____.

5. O Dia da Consciência Negra é celebrado no Brasil em 20 de novembro, dia em que Zumbi morreu, no ano de 1695. Por que esse personagem se tornou tão importante?

_____

_____

6. Junte-se a um colega e escolham um dos artistas citados no texto da página 86.

a) Procurem informações sobre esse artista e escrevam um texto a respeito, dizendo o nome dele, onde nasceu e quando, qual a arte que praticava e sua importância para a pesquisa histórica no Brasil.

b) Encontrem em revistas ou na internet duas obras desse artista e colem-nas em um cartaz.

c) Embaixo de cada obra, escrevam a legenda.

d) Colem também no cartaz o texto que escreveram.

e) Exponham seu cartaz na sala de aula junto com os das demais duplas.

89

REFLETIR

7. Procure no dicionário o significado da palavra **ancestral**. Depois, reflita e responda: os africanos são ancestrais do povo brasileiro? Por quê?

_____

_____

8. Leia a reportagem abaixo.

> Há 32 anos, o poeta gaúcho Oliveira Silveira sugeria ao seu grupo que o 20 de novembro fosse comemorado como o "Dia Nacional da Consciência Negra", pois era mais significativo para a comunidade negra brasileira do que o 13 de maio. "Treze de maio traição, liberdade sem asas e fome sem pão", assim definia Silveira o "Dia da Abolição da Escravatura" em um de seus poemas. Em 1971 o 20 de novembro foi celebrado pela primeira vez. A ideia se espalhou por outros movimentos sociais de luta contra a discriminação racial e, no final dos anos 1970, já aparecia como proposta nacional do Movimento Negro Unificado.
>
> Carlos Vogt. "O Brasil negro". Disponível em: <www.comciencia.br/reportagens/negros/01.shtml>. Acesso em: maio de 2008.

a) Discuta com os colegas. O que significa "ter consciência"?

b) Na sua opinião, o que o poeta Oliveira Silveira quis dizer com o verso "Treze de maio traição, liberdade sem asas e fome sem pão"?

_____

_____

_____

c) Você agora é o jornalista. Escreva em uma folha à parte essa mesma notícia com as suas palavras. Organize com os colegas um painel para colar sua redação e conhecer a escrita de cada um.

AMPLIAR

9. Banana, cafuné, moleque, fuzuê e zangado. Todas essas palavras, entre outras, têm origem africana. Além da língua, a cultura africana exerceu enorme influência na cultura brasileira. Façam uma pesquisa para descobrir alguns elementos de seu cotidiano – religiões, música, instrumentos, danças e culinária – que resultaram dessa influência.

Tambores africanos (atabaques) no axé, Salvador, Bahia.

Negros lutando capoeira.

Acarajé, comida de origem africana muito popular na Bahia e famosa em todo o Brasil.

Religiões: _____

Música: _____

Instrumentos: _____

Danças: _____

Culinária: _____

_____

91

UNIDADE 6

A família real portuguesa chega ao Brasil

Chegada da família real portuguesa à Bahia, obra de Cândido Portinari feita em 1952.

IMAGEM E CONTEXTO

1. Qual é o título e o autor desta imagem?

   _____

2. Quem é a figura principal mostrada na imagem? Onde aconteceu a cerimônia retratada?

   _____

3. Esta imagem retrata o presente ou o passado? Descreva no caderno os seus elementos principais.

   _____

   _____

   _____

4. Você conhece ou já ouviu falar do autor desta imagem?

CAPÍTULO 1

A Corte chega ao Rio de Janeiro

Em 1808, a família real portuguesa, acompanhada de uma grande comitiva de homens e mulheres nobres que faziam parte da corte do príncipe regente de Portugal, desembarcou no Brasil.

O primeiro desembarque foi na Bahia, onde dom João foi muito bem recebido e de onde ele e sua corte seguiram para a cidade do Rio de Janeiro, a capital do Brasil nesse período.

A chegada da família real trouxe muitas mudanças para o Rio de Janeiro e para as pessoas que ali viviam.

Chegada da família real portuguesa ao Rio de Janeiro em 7 de março de 1808, pintura de Geoff Hunt, 1999.

Primeiras mudanças

A primeira medida que o príncipe regente tomou quando chegou ao Brasil, ainda na Bahia, foi assinar o documento (carta régia) de **abertura dos portos**. Abrir os portos significava abrir o comércio para todas as nações amigas de Portugal, que podiam, a partir de então, negociar com o Brasil.

Antes dessa medida, as mercadorias que circulavam no Rio de Janeiro e no restante do Brasil eram apenas aquelas trazidas pelos comerciantes portugueses.

Depois da assinatura desse documento, navios de diferentes lugares, especialmente da Inglaterra, aliada de Portugal, passaram a atracar nos portos brasileiros com todo tipo de mercadoria: sapatos, tecidos, louças, chapéus, livros, jornais, perfumes e outras, algumas delas antes proibidas de circular no Brasil.

1. Na sua opinião, por que a chegada da Corte portuguesa foi tão importante para o Brasil? Converse com os colegas e o professor.

2. Em que século aconteceram os fatos narrados no texto?

   _____

3. Observe o primeiro documento oficial assinado pelo príncipe regente dom João no Brasil e responda às questões.

   Original da primeira carta régia assinada por dom João no Brasil.

   a) Que tipo de documento é esse?

   _____

   b) O que ele determina?

   _____

   c) Quando ele foi assinado?

   _____

   d) Onde ele foi assinado?

   _____

4. Marque com um **X** as afirmações que se referem a consequências da abertura dos portos brasileiros às nações amigas.

   ☐ Todas as importações da Colônia tinham de passar antes por Portugal.

   ☐ O Brasil passou a negociar diretamente com outros países europeus.

   ☐ Produtos novos passaram a ser comercializados no Brasil.

95

A vida na cidade se agita

A chegada da família real ao Rio de Janeiro significou também uma mudança de hábitos e costumes na vida cotidiana da cidade. Junto com o rei e a família real chegou uma comitiva de cerca de 15 mil nobres portugueses que faziam parte da Corte.

Corte: o rei (soberano) e as pessoas que o cercam (nobreza).

A cidade do Rio de Janeiro na época contava com cerca de 60 mil habitantes, sendo a metade desse número representada pelos escravos. Esse crescimento repentino da população trouxe alguns problemas. Como acomodar todas essas pessoas acostumadas com as mordomias da Corte? Como assegurar o abastecimento da cidade? Como garantir a segurança da população? Muitas medidas precisavam ser tomadas para resolver essa situação.

Moradia para a Corte

A primeira medida tomada foi providenciar moradia para acomodar toda essa gente. O vice-rei, dom Marcos Noronha, cedeu sua casa ao príncipe, enquanto outros membros da família real eram acomodados nas imediações. O restante da Corte se instalou nas casas e nos sobrados mais bem localizados da cidade, expulsando seus antigos moradores e proprietários.

Por ordem do príncipe, as casas escolhidas eram marcadas com as letras "PR", que significavam "Príncipe Regente". Esse era o sinal para que os moradores se retirassem e dessem lugar aos recém-chegados. A população, indignada, mas sem perder o bom humor, logo passou a interpretar a sigla como "Ponha-se na rua" ou "Propriedade roubada"!

Rua Direita na cidade do Rio de Janeiro, litografia aquarelada de Johann Moritz Rugendas, 1825.

O abastecimento da cidade

As casas e os sobrados do Rio de Janeiro não tinham sistema de esgoto e a água para o consumo diário da casa era coletada nas fontes e nos chafarizes da cidade. Todo o serviço doméstico e também a venda de produtos básicos para a alimentação do dia-a-dia eram feitos pelos escravos. De manhã bem cedinho eles já podiam ser vistos carregando água, apagando os lampiões das ruas ou oferecendo seus produtos pela cidade.

No Rio de Janeiro do século XIX, as pessoas tinham de buscar água em fontes e chafarizes. *Chafariz do Terreiro do Paço*, lápis e aquarela de Thomas Ender, 1817-1818.

O comércio de gêneros alimentícios era pequeno na pacata cidade do Rio de Janeiro. No entanto, algum tempo depois da chegada da Corte, produtos nacionais e importados de todos os lugares eram oferecidos na cidade. Tudo isso para atender às novas necessidades e exigências da Corte.

1. Cite três mudanças na vida dos moradores do Rio de Janeiro com a chegada da família real e sua corte.

_____

_____

_____

Gente que faz!

Uma biblioteca chega ao Brasil

Livros, manuscritos, mapas e gravuras, entre outras peças, são fontes preciosas de conhecimento, pois podem revelar muito sobre a História. Um conjunto de obras e documentos como esses é chamado de **acervo**. Um acervo pode pertencer a uma pessoa ou família ou a uma instituição, como bibliotecas e museus.

Em 1807, com a bagagem da família real, uma preciosa carga foi encaixotada: o acervo da Real Biblioteca portuguesa. Essa biblioteca reunia cerca de 60 mil volumes de livros, além de manuscritos, gravuras, mapas, moedas e medalhas.

Todo esse acervo fazia parte da Real Biblioteca da Ajuda em Lisboa (Portugal). Por causa da pressa para chegar ao Brasil, os caixotes que continham o acervo foram esquecidos no porto de Lisboa e só chegaram aqui entre 1810 e 1811.

Em 1810, quando os primeiros caixotes chegaram ao Rio de Janeiro, o príncipe regente lançou um decreto que determinava a criação oficial da Real Biblioteca no Brasil. Ela foi instalada no centro da cidade, na atual rua do Carmo, e continuou a ampliar o seu acervo por meio de compras e de doações.

Atualmente esse acervo pertence à maior e mais importante biblioteca brasileira, a Biblioteca Nacional, localizada na avenida Rio Branco, no centro da cidade do Rio de Janeiro. A Biblioteca Nacional abriga cerca de 8 milhões de peças que fazem parte do patrimônio de todos os brasileiros.

Decreto: ordem escrita provinda de um chefe de Estado ou de uma autoridade superior.

Vista parcial da fachada da Biblioteca Nacional, Rio de Janeiro.

Vista parcial das estantes do acervo da Biblioteca Nacional.

A maior biblioteca portuguesa no Brasil

Tudo começou em 1837, quando um grupo de imigrantes portugueses resolveu se unir para criar uma biblioteca destinada a melhorar o nível cultural da sua comunidade no Rio de Janeiro. O Real Gabinete Português de Leitura funcionou em vários locais até a inauguração de seu edifício no centro da cidade em 1880. Ele abriga hoje mais de 350 mil livros, possuindo o maior acervo de livros portugueses fora de Portugal, além de objetos antigos e obras de arte.

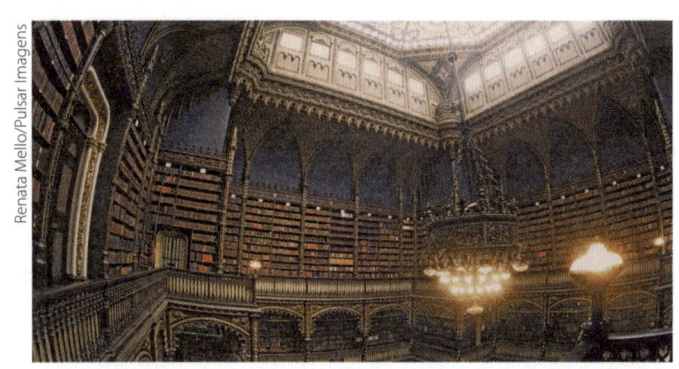

Vista parcial do acervo do Real Gabinete Português em 2001.

1. De acordo com o texto, do que é composto um acervo?

___

___

2. Quando a família real embarcou para o Brasil, o que aconteceu com o acervo da Real Biblioteca da Ajuda, de Portugal?

___

3. Quando o acervo da Real Biblioteca chegou ao Brasil?

___

4. Você conhece a biblioteca da sua escola? Com os colegas, faça uma visita para conhecer o seu acervo. Depois, escolha um livro de que você gostou e anote no caderno o nome e o título. Na sala de aula, troque a informação registrada com os colegas para descobrir o que eles escolheram.

> Visite o *site* da Biblioteca Nacional do Rio de Janeiro:
> www.bn.br/site/default.htm
> Se você mora na cidade ou um dia for visitá-la, programe uma visita monitorada. Você vai se surpreender!

CAPÍTULO 2

O Rio de Janeiro passa por mudanças

O governo do príncipe regente tinha a intenção de criar um império no Novo Mundo. Para isso, determinou a abertura de novas estradas, instalou órgãos públicos e instituições que até então não existiam no Brasil. Além da biblioteca foram criados: as Academias Militar e da Marinha (1810), o Hospital e o Arquivo Militar, o Museu Real (1818), a Imprensa Régia, o Real Horto (1808), o Real Teatro de São João (1813) e o Banco do Brasil.

Essas e outras instituições ofereceram postos de trabalho a muitos dos que acompanharam a mudança da família real para o Brasil. Como a cidade crescia rapidamente, as atividades comerciais para o abastecimento da cidade, incluindo o comércio de escravos, também ocupavam parte da população.

Vista do Real Teatro de São João, obra de Jean-Baptiste Debret, c. 1834.

Costumes europeus

As pessoas que já viviam no Rio de Janeiro antes da chegada da Corte quiseram acompanhar essas mudanças e incorporaram costumes europeus a seu gosto, sua aparência e ao seu jeito de viver e morar.

As cerimônias e festas promovidas pela Corte eram muito concorridas e prestigiadas. Festejar aniversários, batizados e casamentos foi um dos hábitos introduzidos no Brasil por influência europeia.

A cerimônia do beija-mão, um costume português muito antigo, foi trazida ao Brasil com a Corte de dom João. Todas as noites, fora domingos e feriados, uma multidão de pessoas formava fila para cumprimentar o rei beijando-lhe a mão.

O rei recebia o público em uma bela sala do seu palácio destinada a essa cerimônia, ao som de uma banda de música. A cerimônia do beija-mão representava o respeito à autoridade do rei e era uma ocasião para dom João conhecer melhor seus novos súditos: os brasileiros.

Caricatura inglesa da cerimônia do beija-mão de dom João VI, feita por B. Whitaker, em 1826.

1. Preencha o quadro e organize as instituições na ordem em que foram criadas.

| Real Teatro de São João | 1813 | Museu Real | 1818 |

| Real Horto | 1808 | Academia Real Militar | 1810 |

Ano	Instituição

2. Com a chegada da Corte, houve muitas mudanças no Rio de Janeiro, mas outros aspectos permaneceram iguais. Cite um deles.

101

Acontecimentos movimentaram o Rio de Janeiro

Em 1815, uma notícia se espalhou rapidamente pela cidade. O Rio de Janeiro, por determinação do príncipe regente, era a mais nova capital do Reino Unido de Portugal e Brasil. O Brasil deixava de ser colônia de Portugal para se transformar na capital do reino, ou seja, na sede da monarquia portuguesa.

Finalmente, um rei no Brasil

Em 1816, outra notícia movimentou a Corte e a cidade: a rainha dona Maria I, mãe do príncipe regente, morreu no Rio de Janeiro. Dois anos mais tarde, o príncipe foi aclamado, no Brasil, rei de Portugal com o título de dom João VI.

O jornal *Gazeta do Rio de Janeiro* anunciou com orgulho e destaque essa notícia especial. No dia 10 de fevereiro saía o número comemorativo que celebrava:

> O glorioso ato de Aclamação do Senhor d. João Sexto, Nosso Augusto Soberano e Modelo dos Monarcas do Universo, vai hoje fixar as mais sérias atenções de nossos leitores, e ser objeto de nossa narração ingênua e sincera.
>
> In: Lilia Schwarcz. *A longa viagem da Biblioteca dos reis*. São Paulo: Companhia das Letras, 2002, p. 322.

Vista do largo do Paço na aclamação de dom João VI, obra de Jean-Baptiste Debret de cerca de 1830. O artista representou o momento em que dom João apareceu no balcão para receber a homenagem do povo da cidade ali reunido, em 1818.

Artistas e cientistas chegaram ao Brasil

Após a vinda da família real portuguesa e a abertura dos portos, muitos estrangeiros puderam visitar o Brasil. Em 1816, o governo de dom João organizou a vinda de um grupo de artistas franceses, que ficou conhecido como **Missão Artística Francesa**.

O grupo tinha por missão documentar as paisagens da natureza tropical e os costumes dos habitantes do Brasil daquela época. Os artistas franceses também fundaram uma escola de educação artística: a Academia Brasileira de Artes.

Nessa época também vieram cientistas europeus, que ficavam encantados com a exuberância da natureza brasileira. Após percorrerem as matas e rios do interior do Brasil, eles voltavam para a Europa com caixas e mais caixas de plantas, insetos e animais típicos do Brasil. Eles também descreveram os hábitos e costumes da população brasileira, registrando o que viram em livros e imagens.

1. Por que dom João deixou de ser príncipe regente e passou a ser rei?

_____

2. Observe a pintura de um dos artistas da Missão Artística Francesa.

Vista do Morro de Santo Antônio, obra de Nicolas Antoine Taunay, feita em 1816.

a) Que artista pintou este quadro? _____

b) O que o artista representou?

_____

c) Qual a missão dos artistas trazidos por dom João?

_____

103

REDE DE IDEIAS

ORGANIZAR

1. Um rei passou a morar no Brasil em 1808.
Essa afirmação é falsa ou verdadeira? Justifique a sua resposta.

_____
_____

2. Explique por que a abertura dos portos e a chegada da família real foram tão importantes para o Brasil.

_____
_____
_____

3. Escreva duas mudanças que aconteceram no Rio de Janeiro depois da chegada da família real.

_____
_____

4. Em meados de 1810, vários produtos eram anunciados na *Gazeta do Rio de Janeiro*. Muitos deles, como vinhos, presuntos, salames e doces, eram importados.

  a) Forme dupla com um colega e procurem, em jornais e revistas, um anúncio de produto importado.

  b) Escrevam um comentário a respeito desse anúncio. Colem o anúncio e o comentário em uma cartolina e exponham na sala de aula.

5. Os membros da Missão Artística Francesa e outros artistas europeus que estiveram no Brasil ficaram deslumbrados com a natureza brasileira. Observe as obras e depois complete a tabela.

Natureza morta com frutas do Novo Mundo, óleo sobre tela de Jean-Baptiste Debret, sem data

Foz do rio Cachoeira, de Johann Moritz Rugendas, 1827.

Detalhe de *Urubu-rei*, aquarela sobre papel de Aimé-Adrien Taunay, 1758.

Vista do Rio de Janeiro, óleo sobre tela de Thomas Ender, 1817.

Autor da obra	Aspectos naturais que aparecem na obra

105

REFLETIR

6. Observe a reprodução da pintura de Geoff Hunt da página 94. Ela foi encomendada em 1998 por Kenneth Light, um brasileiro criado em Londres, estudioso de história britânica, portuguesa e brasileira. Para realizá-la, Hunt recebeu informações minuciosas de Light. Em entrevista à *Agência Fapesp*, *site* da Fundação de Amparo à Pesquisa do Estado de São Paulo, Light revela que instruiu o pintor detalhadamente com base nos dados pesquisados nos diários de bordo dos navios ingleses que escoltaram a família real até o Rio de Janeiro.

> "Cruzei os dados dos navios, que indicavam, nos pontos cardeais, pontos de referência de seu posicionamento na baía. Com aqueles dados, usei uma carta marítima moderna para traçar as linhas de direção para cada referência e consegui localizar o ponto exato onde pararam [...]. Dali, fotografei tudo ao redor. Com essas informações o pintor construiu uma maquete do acontecimento e a pintura ficou pronta em dois meses."
>
> Disponível em: <www.agencia.fapesp.br/boletim_dentro.php?id=8522>.
> Acesso em: maio de 2008.

a) Com base nas informações do texto, você pode afirmar que a obra de Geoff Hunt representa bem a chegada da família real ao Rio de Janeiro? Por quê?

_____

_____

b) Procure saber, em livros e na internet, o que contém um diário de bordo e escreva um pequeno texto relatando suas descobertas.

_____

_____

_____

_____

_____

7. No presente, que acontecimento se reveste de importância semelhante à aclamação de um rei?

_____

8. Escreva abaixo das imagens o tipo de cerimônia representada.

_____ _____

_____ _____

AMPLIAR

9. Escolham uma biblioteca da região onde vocês moram e façam uma pesquisa sobre a história dela. Vocês devem descobrir:

- Quando ela foi fundada? Por quem?

_____

- Qual o nome que ela recebeu? Esse nome é uma homenagem a alguém? Se for, pesquisem o que essa pessoa fez pela comunidade.

_____

_____

- De que é formada a maior parte do acervo?

_____

CONVIVÊNCIA

Diversão para muita gente

Leia o texto e observe as imagens.

O passeio público, de Carlos Guilherme Von Theremin e Loelliot, 1835.

Vista do Passeio Público em 2008.

Esta história começa no distante ano de 1783, na cidade do Rio de Janeiro. O Brasil ainda era colônia de Portugal e as pessoas não tinham o hábito de conviver em lugares públicos. Encontrar os amigos? Apenas em suas próprias casas! Percebendo que era preciso construir um lugar ao ar livre para passeios e encontros na cidade, o vice-rei dom Luiz de Vasconcelos deu uma ordem: pediu a Mestre Valentim, um famoso artista da época, para projetar um enorme jardim, o Passeio Público, que existe até hoje!

Esse lugar, que passou por várias reformas, tem muita história para contar. Pudera: são mais de 200 anos de existência! (...)

Cathia Abreu. *Ciência Hoje das Crianças*, set. 2004.
Disponível em: <http://cienciahoje.uol.com.br/controlPanel/materia/view/1487>.
Acesso em: setembro de 2007.

O Passeio Público do Rio de Janeiro foi o primeiro parque ajardinado do Brasil. Inaugurado em 1785, passou a ser ponto de encontro das famílias cariocas nos séculos XVIII e XIX. Ali, desfrutavam da vista da baía de Guanabara e assistiam a apresentações musicais.

Em 1938, o Passeio Público foi tombado pelo Serviço do Patrimônio Histórico e Artístico Nacional. Durante sua última reforma, em 2004, os arqueólogos encontraram estruturas da arquitetura original do parque soterradas, como as bases de um aquário e os pisos e fundações do que antes era o Teatro Cassino e Cassino Beira-Mar.

1 Qual a importância do Passeio Público do Rio de Janeiro nos dias em que foi construído e atualmente?

_____
_____
_____

2 Os parques continuam sendo uma opção para as pessoas em seus momentos de lazer. Reúna-se com os colegas. Juntos façam uma lista dos parques do lugar onde vocês vivem.

3 Esse é o nosso!

Escolham um dos lugares listados por vocês e criem um texto sobre ele em uma folha avulsa, contando:

- o nome do parque;
- em que época ele foi construído e se sofreu reformas;
- como é o lugar;
- quais são as atrações que ele oferece;
- como as pessoas costumam chegar até esse lugar.

Depois ilustrem o texto com desenhos ou recortes de revistas e apresentem seu trabalho aos colegas.

UNIDADE 7

Pessoas do mundo inteiro chegam ao Brasil

Os emigrantes, de Antonio Rocco, 1910.

IMAGEM E CONTEXTO

1. Descreva as pessoas que aparecem na imagem.
   _____
   _____

2. Aponte um elemento que mostra não se tratar de uma cena atual.
   _____
   _____

3. O título dessa obra de Antonio Rocco, pintada em 1910, é *Os emigrantes*. O que ele indica?
   _____

CAPÍTULO 1

O fim do trabalho escravo no Brasil

Depois de mais de 300 anos de escravidão, durante o século XIX intensificou-se a luta dos escravos por liberdade. Parte da sociedade, tanto dentro como fora do país, também passou a considerar intolerável o regime de trabalho escravo.

Em diferentes cidades brasileiras começaram a surgir movimentos abolicionistas, isto é, movimentos pelo fim da escravidão.

Depois de muitos anos de lutas e discussões, foi assinada a Lei Áurea, em 1888, que decretou o fim do regime escravo no Brasil.

Você deve estar se perguntando: e os escravos, o que aconteceu depois que eles foram libertados?

Muitos ex-escravos migraram do campo para a cidade. Aqueles que já tinham um ofício foram sendo incorporados como trabalhadores livres nas cidades. Muitos não encontraram trabalho nem moradia e tiveram de conviver com a discriminação. Outros permaneceram no campo trabalhando não mais como escravos, mas recebendo pequenos salários.

O fotógrafo Marc Ferrez retratou trabalhadoras negras do Rio de Janeiro. A fotografia, feita provavelmente em 1895, mostra quitandeiras, ou seja, vendedoras de frutas, verduras e legumes.

No plantio e na colheita do café e de outras culturas juntaram-se a esses trabalhadores, agora livres, pessoas que vinham de diferentes países. Eram os imigrantes, que começaram a chegar ao país em maior número no início do século XIX.

1. Muitos ex-escravos tiveram de conviver com a discriminação. O que significa isso? Converse com os colegas e o professor.

2. Até o início do século XIX a população brasileira era formada basicamente por quais povos?

3. Observe a fotografia da página anterior.

a) Em que ano provavelmente foi feita essa fotografia?

_____

b) Quantas e quem são as pessoas fotografadas?

_____

c) Localize algum detalhe que revele sua condição de vida.

_____

4. Observe esta imagem.

a) Ela pertence ao passado ou ao presente?

_____

b) Quantos anos se passaram entre esta imagem e a da página anterior? Menos ou mais de um século?

_____

c) Compare esta com a imagem da página anterior. O que mudou? O que permaneceu?

_____

_____

Quem eram os imigrantes europeus?

Por volta de 1870, uma séria crise econômica atingiu parte da Europa. Na Itália e também em Portugal, na Espanha e na Alemanha muitos trabalhadores foram obrigados a abandonar suas terras e não tinham mais como sustentar a si e a sua família. Começaram então a buscar ocupação em países distantes, aonde chegavam com toda a família como imigrantes.

No mesmo período, aqui no Brasil, o regime de trabalho escravo estava em crise e a lavoura do café exigia cada vez mais trabalhadores. Assim, o país passou a receber esses europeus, que se tornaram a nova força de trabalho livre no campo e também na cidade.

Durante cerca de sessenta anos, entre 1884 e 1940, chegaram ao Brasil imigrantes europeus e asiáticos de diferentes países. O processo migratório foi bem intenso nesse período, mas continuou existindo durante o século XX, principalmente depois da Segunda Guerra Mundial (1939-1945).

Grande parte desses imigrantes foi viver nas regiões Sul e Sudeste e uma parte significativa fixou-se em São Paulo, em virtude da prosperidade e riqueza trazidas a essa região pelo café.

No século XIX, após chegar a Santos, os imigrantes tinham de seguir viagem por terra, como retratou o artista Arthur Nísio, na obra *Os imigrantes*, 1979.

1. Acontecimentos simultâneos na Europa e no Brasil favoreceram a vinda de imigrantes para nosso país. Que acontecimentos foram esses?

_____

_____

_____

2. O que atraía os imigrantes para São Paulo?

_____

3. Analise os dados da tabela.

Entrada de imigrantes no Brasil no período de 1884-1940	
Alemães	170 700
Espanhóis	581 720
Italianos	1 412 200
Japoneses	185 800
Poloneses	47 800
Portugueses	1 204 400
Russos	108 120
Turcos	78 500

Zuleika Alvim. Imigrantes — A vida privada dos pobres no campo. In: *História da vida privada no Brasil*, v. 3. São Paulo: Companhia das Letras, 1998. p. 233.

a) Qual é o título da tabela?

_____

b) Quantos anos tem o período a que a tabela se refere?

_____

c) De que nação veio a maior parte dos imigrantes nesse período?

_____

d) Qual o menor número de imigrantes e de onde vieram?

_____

115

Gente que faz!

História de família

As pessoas de diferentes lugares do mundo que vieram para o Brasil guardam na memória os sonhos, as aventuras e as dificuldades que viveram aqui.

Essas lembranças importantes e significativas são transmitidas para as novas gerações. Filhos, netos e bisnetos conservam registros da história de seus familiares e antepassados.

A memória dessas pessoas e o seu depoimento são muito importantes quando queremos conhecer e compreender a nossa história, da nossa família e do lugar onde vivemos.

1. Leia o depoimento do médico paulista Drauzio Varella, descendente de imigrantes espanhóis que vieram viver em São Paulo.

> O pai do meu pai era pastor de ovelhas numa aldeia bem pequena, nas montanhas da Galícia, ao norte da Espanha. (...)
>
> Numa noite de neve na aldeia, depois que os irmãos menores dormiram, meu avô sentou ao lado da mãe na luz quente do fogão a lenha:
>
> – Mãe, eu quero ir para o Brasil, quero ser um homem de respeito, trabalhar e mandar dinheiro para a senhora criar os meus irmãos. (...)
>
> (...) O menino, analfabeto, desembarcou em Santos com uma calça, uma camisa, um par de meias e o capote na malinha. (...)
>
> (...) Ele foi parar numa fazenda em Jaú, interior de São Paulo – o trabalho infantil não era proibido, muitas crianças começavam a trabalhar aos sete anos de idade.
>
> Em Jaú, ele carpiu café, cuidou de cavalos e economizou tudo o que pôde. Em pouco tempo, tinha o suficiente para tentar a vida em São Paulo (...).
>
> Então meu avô conheceu minha avó Aurélia, espanhola como ele. Casou de terno preto, colete e bigode retorcido (...). Tiveram três meninos e uma menina que morreu aos três anos, coisa comum naquele tempo sem antibióticos.
>
> Drauzio Varella. *Nas ruas do Brás.*
> São Paulo: Companhia das Letrinhas, 2003. p. 5-6.

Casamento dos avós do Dr. Drauzio Varella.

1. Responda.

a) Quem conta essa história?

_____

b) Quem é o personagem principal? De onde ele veio?

_____

_____

c) Por que o menino decidiu emigrar para o Brasil?

_____

_____

2. Observe a fotografia, leia a legenda e depois responda às questões.

Grupo de ferroviários espanhóis da Estrada de Ferro Votorantim, em Sorocaba (SP), na década de 1930.

a) Ela é atual ou antiga? Como você sabe?

_____

_____

b) O que ela está mostrando?

_____

CAPÍTULO 2

A vida dos imigrantes no Brasil

Por volta de 1824, chegaram os primeiros imigrantes alemães à região Sul do Brasil. Eles foram os fundadores do núcleo colonial de São Leopoldo, no atual estado do Rio Grande do Sul. Mais tarde, outros colonos alemães foram atraídos para a região do Vale do Itajaí, em Santa Catarina.

Nova Petrópolis, no Rio Grande do Sul, é uma cidade de forte presença de imigrantes alemães, que começou a ser colonizada em 1858.

Em aproximadamente 1875, em um local chamado Campo dos Bugres, formou-se um núcleo colonial de italianos. Essa colônia de imigrantes italianos originou a atual cidade de Caxias do Sul (RS).

Os imigrantes alemães e italianos foram para a região Sul a fim de trabalhar como agricultores em pequenas propriedades familiares. O objetivo deles era povoar terras desocupadas e desvalorizadas e plantar para abastecer as cidades vizinhas, como Porto Alegre, capital do Rio Grande do Sul.

Caxias do Sul, Rio Grande do Sul, em 1885.

São Paulo, os imigrantes e o café

Em São Paulo, onde se concentrava a produção do café, estabeleceu-se uma política de financiamento público que patrocinava a vinda dos imigrantes para trabalhar em grandes propriedades cafeeiras.

Os imigrantes embarcavam nos portos europeus em navios abarrotados e eram acomodados em porões úmidos e com pouca ventilação, na chamada terceira classe. Cerca de vinte dias depois, desembarcavam no porto do Rio de Janeiro ou de Santos.

Os que desembarcavam no porto de Santos eram transportados de trem até a Hospedaria dos Imigrantes, onde assinavam o contrato de trabalho. De lá seguiam direto para as fazendas de café no interior paulista.

Os imigrantes chegavam com muita vontade de trabalhar. Muitos pretendiam comprar um pedaço de terra e se transformar em pequenos proprietários.

Imigrantes recém-chegados à Hospedaria dos Imigrantes, São Paulo, em cerca de 1900.

1. De acordo com o texto, em que tipo de trabalho se engajava a maioria dos imigrantes alemães e italianos?

_____

2. Organize os acontecimentos relacionados aos imigrantes na ordem em que ocorriam.

☐ Desembarcavam no porto de Santos ou do Rio de Janeiro.

☐ Eram levados para as fazendas de café no interior paulista.

☐ Embarcavam na terceira classe de navios abarrotados.

☐ Os que vinham para o estado de São Paulo eram transportados de trem até a Hospedaria dos Imigrantes, onde assinavam o contrato de trabalho.

O cotidiano nas colônias e nas fazendas de café

Após uma penosa viagem, os imigrantes chegavam ao Brasil. Aqui encontravam um clima diferente, uma língua que não entendiam e difíceis condições de vida e de trabalho. Nada se parecia com o paraíso sonhado. Mesmo assim, muitos prosperaram e deixaram uma forte marca de sua presença no país.

Os núcleos coloniais

Os núcleos coloniais ficavam em lugares isolados, muitas vezes sem médicos, sem estradas e com meios de transporte precários. O abastecimento das colônias era difícil e os produtos, muito caros. Muitas vezes os imigrantes não possuíam as ferramentas de que necessitavam para trabalhar na terra nem as sementes para o plantio.

Aos poucos, aprenderam a nova língua e passaram a conhecer a região, ajudados pelos caboclos que lá viviam. Também reproduziram nas colônias vários costumes de sua terra de origem. Os italianos, por exemplo, começaram a cultivar uva para produzir vinho. Com o tempo, passaram a apreciar alimentos como a mandioca, um produto bem brasileiro.

Alunos de 1919 da Escola Teuto-Brasileira de Santa Clara, no Rio Grande do Sul. Durante muito tempo, os imigrantes alemães preservaram a língua, os costumes e a cultura de seu país, formando um mundo quase à parte da sociedade brasileira.

O trabalho nas fazendas de café

O contrato de trabalho das famílias de imigrantes que chegavam às fazendas de café exigia que todos, mesmo mulheres e crianças a partir dos 6 anos, trabalhassem. O esforço das famílias era enorme, e o ganho, geralmente, não era compensador.

De acordo com esse contrato, as famílias podiam plantar milho, mandioca e feijão entre as fileiras do cafezal sob seus cuidados. Esses produtos eram consumidos pela família, que podia comercializar o que sobrasse dessa produção.

Nessas fazendas, os imigrantes enfrentavam doenças, moradias precárias, condições de higiene insatisfatórias e falta de escolas. Assim como nos núcleos coloniais, os costumes que essas famílias trouxeram de seu lugar de origem foram sendo incorporados ao cotidiano dos que ali já viviam.

1. Cite algumas dificuldades que foram comuns aos imigrantes dos núcleos coloniais e das fazendas de café.

_____

_____

2. Observe a fotografia.

Fotografia do final do século XIX ou início do XX, mostra imigrantes comerciando em centro urbano.

a) Descreva a cena retratada.

_____

b) Localize e copie a frase do texto que se refere a ela.

_____

_____

Rede de Ideias

ORGANIZAR

1. Observe a fotografia e leia a legenda e o texto a seguir.

O quilombo de Ivaporunduva, situado no Vale do Ribeira, estado de São Paulo, é um dos poucos remanescentes de quilombos que ganhou o direito legal de posse da terra.

Quatrocentos e sessenta e quatro anos após o primeiro registro de escravos africanos no Brasil e 111 anos depois da abolição da escravidão, o Estado brasileiro está reconhecendo pela primeira vez na história do país o direito à terra aos descendentes de escravos que fundaram quilombos.

(...) das 724 áreas identificadas como remanescentes de quilombos, apenas 31 foram reconhecidas e somente cinco receberam o título definitivo da terra (...). De acordo com dados da Fundação Palmares, existem 80.998 descendentes de quilombolas (moradores de quilombos) vivendo nessas áreas, em quase todos os Estados brasileiros. (...)

Daniela Nahas, "Remanescentes de quilombos ainda esperam pela terra", *Folha de S. Paulo*, 12/3/2000.

a) De que ano é o texto que você acabou de ler?

b) Quantos anos se passaram desde a abolição da escravidão no Brasil?

_____

c) De acordo com o texto, quantas áreas identificadas como remanescentes de quilombos ainda não foram identificadas?

_____

d) Os moradores de remanescentes de quilombos têm direito ao título definitivo da terra em que ainda vivem? Por quê?

2. Leia este trecho da canção popular **Itália bela, mostre-se gentil**, provavelmente datada de 1899, e responda às questões.

> ### Itália bela, mostre-se gentil
>
> Itália bela, mostre-se gentil,
> e os filhos seus não a abandonarão,
> senão, vão todos para o Brasil,
> e não se lembrarão de retornar.
> Aqui mesmo ter-se-ia no que trabalhar
> sem ser preciso para a América emigrar:
>
> **O século presente já nos deixa,
> o mil e novecentos se aproxima.**
> A fome está estampada em nossa cara
> e para curá-la remédio não há.
> A todo o momento se ouve dizer:
> eu vou lá, onde existe a colheita de café.
>
> <div align="right">In: Zuleika Alvim. <i>Brava gente!</i> São Paulo: Brasiliense, 1986. p. 17.</div>

a) A que século se refere o trecho destacado da música? _____

b) Qual a justificativa para a emigração que aparece na canção? _____

c) O que atraía os imigrantes para o Brasil? _____

_____

3. Observe o cartaz de propaganda da Companhia de Navegação La Veloce.

a) Essa companhia de navegação pertencia a qual país? _____

b) Que tipo de passageiro procurava esse navio? _____
_____

c) Como está escrito no cartaz o nome do novo país? _____

Cartaz publicitário da empresa de navegação italiana La Veloce anuncia navios velozes para a América. Entre as partidas, uma para o Brasil.

REFLETIR

4. Qual a principal diferença entre o movimento de migração dos escravos africanos e de imigrantes europeus e asiáticos para o Brasil?

_____
_____
_____

5. Na sua opinião, que grupo social teve melhores chances de ascensão social no Brasil: os imigrantes ou os ex-escravos? Por quê?

_____
_____
_____
_____

6. Imagine que você tenha de deixar seu país de repente.

a) Do que sentiria falta?

_____

b) O que levaria na bagagem?

_____

c) Que país escolheria para emigrar? Por quê?

_____

AMPLIAR

7. Releia o depoimento do Dr. Drauzio Varella na página 116. Faça um desenho em forma de quadrinhos contando a história do menino espanhol. Exponha seu desenho na sala de aula junto com os dos colegas.

8. Observe a imagem. Trata-se de um documento indispensável a qualquer pessoa que deixa seu país para emigrar para outro. Como se chama esse documento e qual é sua função?

_____

_____

Passaporte de família italiana, 1923.

9. Procure conhecer a história de alguém que veio do exterior para viver no Brasil. Escreva um resumo dessa história.

_____

_____

_____

UNIDADE 8

No século XX, uma nova onda de imigração

O Kasato Maru, navio do governo do Japão, encostado no cais do porto de Santos, onde, na manhã de 18 de junho de 1908, desembarcaram 781 imigrantes japoneses, os primeiros a chegar ao Brasil.

Imigrantes japoneses embarcados em trem da São Paulo Railway com destino às fazendas de café do interior do estado, em cerca de 1935.

IMAGEM E CONTEXTO

1. Que oceano a maior parte dos imigrantes atravessou para chegar ao Brasil?

   _____

2. De que continente veio a maioria dos imigrantes que chegaram ao Brasil?

   _____

3. De qual país vieram os imigrantes que percorreram o caminho mais longo até chegar ao Brasil: do Japão ou da Itália?

   _____

CAPÍTULO 1

Os imigrantes japoneses

Imigrantes de culturas e hábitos muito diferentes vieram para o Brasil: alemães, italianos, portugueses, espanhóis, poloneses, sírio-libaneses, japoneses, entre outros. Assim, europeus, asiáticos e africanos passaram a conviver no país.

Alguns imigrantes não se adaptaram e acabaram retornando ao seu país de origem. Com o tempo, os que ficaram se integraram ao Brasil e adotaram hábitos brasileiros, bem como influenciaram os brasileiros com seus hábitos e sua cultura, como foi o caso dos japoneses.

A chegada dos primeiros japoneses

Os primeiros imigrantes japoneses chegaram ao Brasil a bordo do navio *Kasato Maru*, que atracou no porto de Santos em 1908.

O Japão passava por um momento de grande aumento populacional e não havia empregos para toda a população. O Brasil precisava de mão-de-obra estrangeira para a lavoura de café. Assim, foi feito um acordo entre os dois países, marcando o começo de uma história que dura até hoje.

Imigrantes japoneses a bordo do Santos Maru, em 1933. As crianças estão fantasiadas por ocasião da festa de travessia do Equador.

O Brasil possui a maior comunidade japonesa fora do Japão. A maior parte dos imigrantes japoneses e seus descendentes se concentrou no estado de São Paulo, mas há comunidades japonesas também no Paraná, no Mato Grosso e até na Amazônia.

1. Descreva as condições do Japão e do Brasil que favoreceram a entrada de imigrantes japoneses no país no início do século XX.

_____

_____

2. Este texto estava entre as anotações da caderneta do inspetor J. Amâncio Sobral, da Secretaria de Agricultura, que no início do século XX era o órgão brasileiro responsável pelas relações de imigração. Ele acompanhou o trajeto dos novos trabalhadores e suas famílias até as fazendas paulistas.

> Os funcionários da alfândega se assustaram ao se deparar com o conteúdo das malas. Os imigrantes europeus nada mais traziam além de uma ou duas mudas de roupas simples. Mas no caso dos japoneses, lenços de seda, cobertores acolchoados, esquisitos travesseiros de madeira ou bambu, casacões contra o frio, tinta nanquim, alguns raros quimonos, apetrechos e objetos pessoais, que nem os proprietários de terra no Brasil possuíam.
>
> Disponível em: <www.madeinjapan.uol.com.br/2007/02/08/imigrantes-japoneses-surpreenderam-brasileiros/>. Acesso em: setembro de 2007.

a) Quem escreveu esse texto e que função ocupava na ocasião?

_____

b) O que chamou a atenção do autor do texto?

_____

129

Os japoneses nas fazendas de café

Os japoneses foram o último grupo de imigrantes a se instalar nas fazendas de café do interior paulista. O sonho deles era trabalhar muito, juntar dinheiro para enriquecer e retornar ao Japão. No entanto, dificilmente isso acontecia.

Nas fazendas de café os imigrantes encontraram muito desrespeito e exploração. Muitos fugiam, levando alguns de seus pertences, alimentos, agasalhos e esteiras de dormir para a viagem.

Procuravam trilhas pelo mato, caminhando muitos quilômetros, sempre à noite para não chamar a atenção. Alguns iam para outras fazendas, enquanto outros procuravam trabalho nas cidades.

As dificuldades de adaptação

Os japoneses foram os imigrantes que mais tiveram dificuldades para se adaptar ao Brasil. Sua cultura – língua, hábitos alimentares, vestuário – era muito diferente da encontrada aqui.

Nessa fase de adaptação a uma nova cultura, os japoneses e outros grupos de imigrantes contaram com o auxílio dos ex-escravos e caboclos, que lhes ensinaram várias coisas essenciais para a sobrevivência.

Alguns exemplos do que eles aprenderam: fazer queimadas para preparar os terrenos para o plantio, preparar alimentos típicos brasileiros, como feijão e mandioca, e construir casas de pau-a-pique.

Japonês e brasileiro peneirando café em fazenda no interior do Estado de São Paulo, década de 1930.

A cultura japonesa no Brasil

Os japoneses trouxeram várias contribuições ao Brasil. Na agricultura, introduziram o cultivo de certas hortaliças e frutas, como a acelga e o caqui, e o da soja, que hoje fazem parte da nossa alimentação. Atualmente o Brasil é considerado o segundo maior exportador de soja no mundo.

Outra contribuição muito importante foi para o esporte brasileiro. Os japoneses introduziram no país a prática de artes marciais, como o judô, o caratê e o kendô (luta de espadas).

Artes marciais: são modalidades esportivas que desenvolvem o corpo e o espírito e ensinam o equilíbrio e a disciplina.

Torneio Brasileiro de Kenjutsu, uma modalidade das artes marciais do Japão, realizada no Rio de Janeiro, em outubro de 2004.

1. Organize a tabela, colocando cada um dos itens na coluna correspondente.

- prática de esportes como o judô, o caratê e o kendô
- cultura da soja
- queimada para preparar o terreno para o plantio
- construção de casas de pau-a-pique
- preparo de alimentos como o feijão e a mandioca
- cultivo de hortaliças e frutas, como a acelga e o caqui

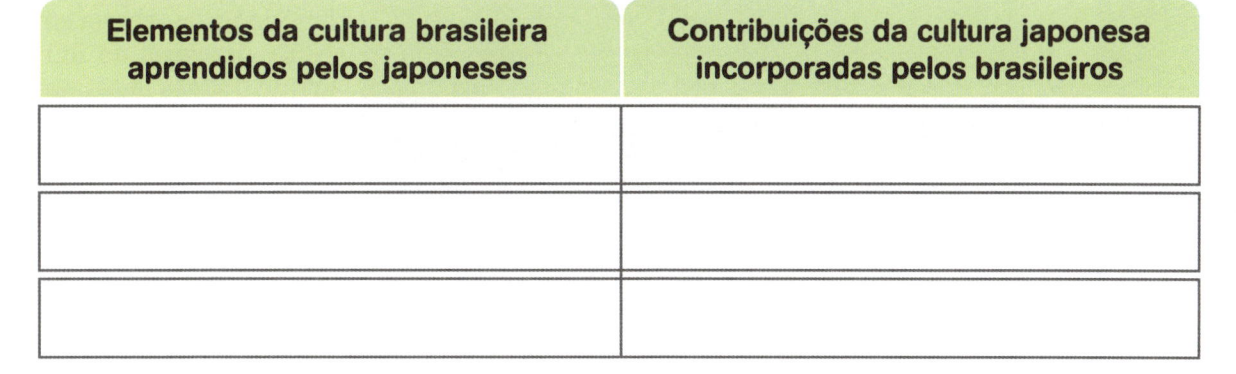

Elementos da cultura brasileira aprendidos pelos japoneses	Contribuições da cultura japonesa incorporadas pelos brasileiros

CAPÍTULO 2

Outras comunidades imigrantes no Brasil

No século XX, com o desenvolvimento urbano e as difíceis condições do trabalho agrícola, muitos imigrantes que trabalhavam no campo decidiram se instalar nas grandes cidades. Lá exerciam variadas profissões, principalmente as ligadas ao comércio e à indústria. Existiram também grupos de imigrantes que foram diretamente para as cidades assim que chegaram ao Brasil.

Os sírio-libaneses

Os primeiros imigrantes árabes chegaram ao Brasil entre o final do século XIX e o início do século XX. Hoje existem cerca de 8 milhões de brasileiros de ascendência árabe, a maior parte deles de origem síria ou libanesa.

Os imigrantes árabes costumavam exercer a profissão de comerciantes. Abriam pequenos estabelecimentos comerciais ou atuavam como mascates. Os mascates percorriam todo o Brasil vendendo vários tipos de produtos vindos da Europa e da Ásia.

Mascate: vendedor ambulante.

Uma das primeiras lojas da rua 25 de Março, em São Paulo, aberta em 1887, pertencia ao imigrante libanês Benjamin Jafet. Muitos descendentes de sírios e libaneses continuam nessa atividade e na mesma área.

Leia o depoimento de Nabih Assad Abdalla, filho de imigrantes sírio-libaneses, sobre a vida dos mascates na época em que seu pai emigrou para o Brasil.

Esses imigrantes saíam quase todos para mascatear, o que não era fácil, pois não tendo sido comerciantes em sua terra, tinham que aprender a profissão. Também não conheciam a língua e muito menos os bairros e a cidade. Sujeitavam-se inicialmente a servir de ajudante, carregando uma caixa pesada de madeira cheia de armarinhos nas costas (...); o dono do negócio carregava uma cesta grande cheia de armarinhos e, na outra mão, uma matraca para anunciar sua presença, produzindo um som penetrante característico.

In: Luciana Cammarota. *Imigrantes nas cidades no Brasil do século XX*. São Paulo: Atual, 2003. p. 15.

Mascates judeus, vendedores a prestação chamados *clientelchicks*, percorriam grandes distâncias pela cidade de Porto Alegre, carregando suas mercadorias e procurando fregueses.

Os judeus

Assim como os imigrantes árabes, muitos judeus vieram para o Brasil. Estavam fugindo da perseguição na Europa. O motivo da perseguição não era somente religioso, mas também racial/étnico.

A emigração judaica partiu de dezenas de países diferentes. Entre 1930 e 1945, o governo nazista na Alemanha e o governo fascista na Itália perseguiram e exterminaram muitos judeus. Por isso, muitas famílias de origem judaica foram obrigadas a se refugiar em outros países, como Estados Unidos, Argentina e Brasil, onde podiam viver, trabalhar e praticar sua religião em paz.

Chegada de judeus no porto de Santos, nos anos 1920. Depois de 1937, o governo implantou medidas restritivas que, na prática, criaram dificuldades à salvação daqueles que fugiam do nazismo na Europa.

1. Segundo o texto, quais eram as dificuldades enfrentadas pelos imigrantes árabes que trabalhavam como mascates?

_____

_____

Lasar Segall

O artista de origem judaica Lasar Segall nasceu em 1891, em uma comunidade de Vilna, na Lituânia. Em 1923, mudou-se para o Brasil, onde casou e se naturalizou brasileiro. Faleceu em 1957.

Naturalizar-se: adquirir os mesmos direitos dos que nasceram no país.

O contato com "as cores e a luz" do Brasil modificou a sua obra, que passou a expressar cores mais vivas e temas tipicamente brasileiros, como as mulatas, os negros e a paisagem brasileira. Sua obra *Navio de imigrantes* retrata com perfeição uma realidade que ele conheceu.

Navio de imigrantes, de Lasar Segall, feita entre 1939 e 1941.

2. Lasar Segall pintou pessoas, paisagens e situações do cotidiano. Agora é sua vez. Escolha um desses temas e faça um desenho em uma folha avulsa expressando sua mensagem.

Novas correntes imigratórias

Desde a chegada dos primeiros portugueses, os imigrantes fazem parte da história do Brasil. Sua presença resultou em muitas contribuições importantes para a economia, a sociedade e a cultura brasileiras. A história dos imigrantes, porém, não para aqui.

Muitos imigrantes continuaram a chegar ao Brasil nas últimas décadas, vindos principalmente de países da América Latina, da Ásia e da África. Eles buscam uma vida mais digna, fugindo, muitas vezes, de perseguições políticas ou de guerras e crises econômicas.

Imigrantes bolivianos com trajes típicos em carnaval de rua na cidade de São Paulo.

1. A maioria dos imigrantes que ingressaram no Brasil até 1930 vinha de países da Europa e da Ásia. Atualmente de quais continentes chegam imigrantes?

_____

2. Leia o texto que trata de Chibuzor Nwaike, empresário nigeriano que vende produtos para cabelos de negros na cidade de São Paulo.

> Como muitos outros africanos que estão aqui, Chibuzor chegou ao país para estudar – graças a um convênio entre os governos da Nigéria e do Brasil. Desde 1989 no país, ele conta sua história com forte sotaque (...).
>
> O primeiro objetivo de Chibuzor foi aprender a língua. Em poucos meses, ele venceu esse obstáculo. (...)
>
> Ele está terminando seu processo de naturalização e, assim que conseguir a cidadania brasileira, pretende ingressar na política.
>
> Gilberto Amendola. "Conquistador nigeriano". *Jornal da Tarde*, 23 de janeiro de 2007. p. 13A.

- Qual o objetivo atual de Chibuzor Nwaike?

_____

135

Gente que faz!

Um pouco de todos

Entre os costumes que caracterizam a cultura de um povo estão os seus hábitos alimentares. Tudo aquilo que costumamos comer, as receitas culinárias e o modo de preparar os alimentos podem revelar muito sobre nossas tradições culturais.

O povo brasileiro é formado principalmente pela mistura de três culturas bem marcantes: a portuguesa, a africana e a indígena. A essas três tradições culturais somaram-se muitas outras com a chegada de diferentes comunidades de imigrantes ao Brasil. Alguns exemplos disso são: o preparo e o consumo de massas, introduzido pelos italianos, e o cultivo e o consumo de verduras e legumes, difundido pelos japoneses.

Além da culinária, muitas tradições portuguesas, africanas e indígenas foram incorporadas à cultura brasileira, como na arquitetura, na música e na dança.

Casario de Ouro Preto, Minas Gerais.

Instrumentos musicais: berimbau e atabaque na Bahia.

Artesanato indígena na VI Festa Nacional do Índio, em Bertioga, São Paulo.

Alguns alimentos africanos

O azeite-de-dendê é extraído de uma planta africana, o dendezeiro. Essa planta foi trazida para o Brasil por traficantes de escravos já no século XVI, mas por muito tempo ainda os brasileiros consumiram o azeite vindo da África, antes de fabricá-lo aqui.

Não se sabe exatamente a origem do quiabo, mas ele foi trazido para o Brasil pelos africanos escravizados.

1. De acordo com o texto, por quais culturas é formada a cultura do povo brasileiro?

_____

2. Observe esta fotografia. Nela vemos uma mulher oferecendo caruru em uma festa de crianças. O caruru provavelmente foi trazido para o Brasil pelos escravos africanos. É preparado com quiabo, camarão, azeite-de-dendê e outros temperos.

Mulher oferece caruru em festa de crianças na Bahia. O caruru é uma comida afro-brasileira feita com quiabo, camarão, azeite-de-dendê e outros ingredientes. Fotografia de Pierre Verger.

a) Em que região do Brasil o caruru é mais tradicional?

_____

b) O que há de comum entre o dendezeiro e o quiabo?

_____

c) O dendezeiro foi plantado primeiro na Bahia. Qual teria sido a razão disso?

_____

Rede de Ideias

ORGANIZAR

1. Observe a imagem e marque com um **X** a frase mais adequada a ela.

O Tanabata Matsuri (Festival das Estrelas) ocorre todos os anos desde 1979 no bairro da Liberdade, onde moram muitos dos imigrantes japoneses da cidade de São Paulo.

☐ A adaptação dos japoneses ao Brasil foi bastante difícil.

☐ No Brasil os japoneses procuraram preservar sua cultura.

☐ Os japoneses adotaram costumes brasileiros.

2. O trabalho que a maioria dos imigrantes árabes passou a exercer no Brasil exigia que viajassem de norte a sul do nosso país. Que trabalho era esse?

_____

3. Observe o mapa e responda.

a) Que dados são apresentados neste mapa?

_____

_____

_____

b) Para quais estados brasileiros se dirigiram principalmente os imigrantes japoneses?

_____

Em verde, os estados brasileiros com maior número de imigrantes japoneses.

4. Releia o texto manuscrito da atividade 2 da página 129. Marque um **X** nas fotografias de objetos que os imigrantes japoneses traziam em sua bagagem.

REFLETIR

5. A família Uehara veio da ilha de Okinawa, no Japão, para São Paulo em 1936, a bordo do navio *Santos Maru*. Assim como seus pais e irmãos, o menino Kokei Uehara, de nove anos de idade, foi mandado para uma fazenda de café na cidade de Promissão, no interior de São Paulo. Leia o depoimento dele e depois responda à questão.

> Eu me lembro quando cheguei na fazenda chovia muito, a terra era roxa e outras crianças estavam cobertas de barro, só os olhos eram brancos. (...) Com nove anos minha mão já vivia sangrando. A enxada me machucava. Mas, com a liberação do capataz, minha família pôde me matricular em uma escola. (...)
>
> *Jornal da Tarde*. São Paulo, 10 de janeiro de 2007. p. 16.

- Se o menino Kokei chegasse hoje ao Brasil, seu depoimento seria igual ou diferente? Justifique.

  _____

  _____

6. Quais os aspectos que diferenciam a imigração dos judeus da de outros grupos de imigrantes?

_____

_____

7. Releia o texto do quadro que faz parte da atividade 2, na página 135.

- Qual a diferença entre o processo de imigração de Chibuzor Nwaike e o dos africanos que vieram para o Brasil entre os séculos XVI e XIX?

  _____

  _____

  _____

8. Dê exemplos de hábitos alimentares introduzidos no Brasil pelos imigrantes.

_____

_____

AMPLIAR

9. O Brasil tem na sua cultura um pouco de todos os povos que formaram seu povo.

a) Faça uma pesquisa em jornais, revistas ou na internet sobre a influência indígena em nossa alimentação.

b) Escreva um pequeno texto a respeito desse assunto e dê exemplos de alimentos de origem indígena e identifique com um **X** aqueles que você já experimentou.

_____

_____

_____

_____

_____

10. Assim como o Brasil recebeu imigrantes de várias nacionalidades, muitos países receberam imigrantes brasileiros. Faça uma pesquisa para conhecer os motivos que levam os brasileiros a emigrar e escreva os resultados.

_____

_____

_____

Convivência

Um povo de muitos povos

É difícil encontrar no Brasil quem não tenha um imigrante na família. A maioria de nós descende de algum povo que para cá emigrou.

> (...) a não ser os povos indígenas, que já se encontravam aqui na época do descobrimento, todo o resto da população brasileira descende de imigrantes. Falar da imigração, portanto, é falar da formação do povo brasileiro e, ao mesmo tempo, falar dos nossos bisavós ou tataravós – é contar um pouco da história de cada um de nós.
>
> Edilene Toledo e Jefferson Cano. *Imigrantes no Brasil do século XIX*. São Paulo: Atual, 2003. p. 5.

1 E eu?

Converse com um adulto para descobrir informações sobre a sua origem. Descubra de que povos você descende. Conte aos colegas suas descobertas.

Depois de conhecer suas origens e as dos colegas, é hora de mostrar a contribuição de cada povo para a cultura brasileira por meio de uma exposição.

2

Façam a pesquisa de modo que todos os povos que deram origem às famílias de vocês sejam contemplados. Vocês podem pesquisar músicas, danças, instrumentos, esportes, pratos típicos, artesanato, mitos e lendas.

Separem os tipos de material coletado para a exposição e identifiquem cada um deles.

Escolham um nome para a exposição e convidem colegas de outras turmas para visitá-la.

Sugestões de leitura

Unidade 3

- José Roberto Torero e Marcus Aurelius Pimenta. **Nuno descobre o Brasil**. Rio de Janeiro: Objetiva, 2004.

  História da viagem de descobrimento do Brasil na perspectiva de dois meninos portugueses, Nuno e Rolha, que partem na frota de Cabral como grumetes. Com muitas aventuras e bom humor, a história é contada de forma criativa e encantadora.

Unidade 4

- Pedro Bandeira. **Mais respeito, eu sou criança!** São Paulo: Moderna, 2002.

  Poemas dedicados às crianças, escritos em linguagem adequada a elas. Os temas são do cotidiano da criança: a questão da identidade, do erro, das expectativas quanto ao futuro, os sonhos e muitos outros, que estimulam o debate e o processo de autoconhecimento da criança.

Unidade 5

- Francisco Marques (Chico dos Bonecos). **Ilê Aiê – um diário imaginário**. Belo Horizonte: Formato, sd.

  Um homem negro relata suas experiências de vida, em formato de diário imaginário. Em sua tribo angolana, em um navio negreiro, em Pernambuco, Bahia, Minas, São Paulo e, finalmente, em uma favela do Rio de Janeiro, a narrativa se concentra nos momentos-chave da história do negro no Brasil, da escravidão até os dias atuais.

Unidade 6

- Ivan Jeff. **A Corte portuguesa no Rio de Janeiro**. São Paulo: Ática, 2001.

  Adaptação do relato de um comerciante inglês (John Luccock), que aportou no Rio de Janeiro na época da chegada da família real, o livro registra o dia-a-dia da cidade, revelando as transformações ocorridas a partir desse evento da história do Brasil.

Unidade 7

- Edilene Toledo e Jefferson Cano. **Imigrantes do Brasil do século XIX**. São Paulo: Atual, 2003.

  Relata a história da chegada de imigrantes portugueses, alemães, espanhóis, italianos e muitos outros ao Brasil no século XIX. Aspectos importantes da vida desses imigrantes, que hoje são parte da história dos trabalhadores brasileiros, são retratados de forma clara e objetiva.

Unidade 8

- Arthur Nestroviski. **Histórias de avô e avó**. São Paulo: Companhia das Letrinhas, 1998.

  O livro integra a coleção Memória e História voltada para o passado do povo brasileiro, com destaque para os diferentes grupos que o formam. O autor, professor e crítico de música, relata a encantadora história de seus avós, imigrantes russos de origem judaica. Assim como outros avós, eles são cheios de histórias para contar.